FOODOHOLIC

FEIERABEND

101 neue Wohlfühl-Rezepte für einen entspannten und leckeren Feierabend.

Für mich zählt am meisten der Geschmack.

Die Gerichte sollen für sich selber sprechen.
Nicht ich als Person möchte im Mittelpunkt stehen.
Das Essen soll im Rampenlicht erscheinen.

Für einen glücklichen Moment braucht es meistens gar nicht so viel. Ein mit Freude und Achtsamkeit zubereitetes Essen, ist eines der wertvollsten Dinge, die es gibt. Dieses dann mit unseren Liebsten zu genießen, macht langfristig glücklicher als die neuste materielle Anschaffung.

Dafür benötigt man keine außergewöhnlichen Lebensmittel.
Es braucht keine neuen Superfoods von weit her. Weder für eine gesunde Ernährung noch um unseren Liebsten ein Lächeln ins Gesicht zu zaubern.

Dieses Buch soll nicht nur ermutigen einfach zu kochen, sondern auch zur Entschleunigung aufrufen.

Es soll Ruhe und Gelassenheit in unseren hektischen Alltag bringen und zeigen, dass eine moderne alltagstaugliche Küche nicht viel Zeit beanspruchen muss.

Dafür haben wir uns mit der Kreation der Rezepte über sechs Monate Zeit genommen. Gerichte wurden wieder und wieder getestet und zum Schluss, so glaube ich, haben wir ein tolles Endergebnis erkocht.

Viel Spaß beim Ausprobieren! Cheers.

Inhalt

Easy Paprika-Reis mit Spiegelei
Easy Paprika-Reis mit
23
VEG
Für 2 Personen:
160g Basmatireis
320ml Gemüsebrühe
2 Schalotten
2 rote Paprika
120g TK-Erbsen
4EL Tomatenmark
100ml Gemüsebrühe
2 Bio Eier
1TL Salz
2 TL Paprikapulver
Chilipulver nach belieben
Servieren!
72

So nutzt du die Foodoholic App mit diesem Kochbuch

1. App kostenlos herunterladen

Foodoholic App aus dem Apple App Store oder dem Google Play Store herunterladen. Mit zwei Klicks kostenlos registrieren...

2. Die Einkaufsliste der App öffnen

...öffne die Einkaufsliste der App. Tippe oben rechts auf das QR-Code Symbol. Scanne den QR-Code des jeweiligen Rezeptes...

3. Einkaufen gehen

... wähle anschließend aus, für wie viele Personen du das Rezept kochen möchtest. Die Zutaten setzen sich automatisch auf deine Einkaufsliste.

Symbol Bedeutung

15

Dieses Symbol gibt dir Auskunft über die gesamte Zubereitungszeit des Gerichtes. Hierzu zählen sowohl Koch-, Back- als auch Zubereitungszeit.

VEG

Vegetarische Gerichte sind mit diesem Symbol gekennzeichnet.

V

Vegane Gerichte sind mit diesem Symbol gekennzeichnet.

«

Bei Rezepten mit diesem Symbol können einzelne Schritte bereits am Vortag zubereitet werden.

Die vorbereitbaren Kochschritte sind nochmals mit einem kleinen Symbol gekennzeichnet. Das ist gerade für Menschen wertvoll, die in eine gesündere Routine kommen wollen oder wirklich stark im Job eingebunden sind.

Im Allgemeinen sind es Schritte wie: Kartoffeln, Reis oder Pasta am Vortag kochen, einzelnes Gemüse schon mal schneiden oder ein Dressing beziehungsweise einen Teig anrühren.

Diese kleinen Vorbereitungen am Abend machen das Leben, in Hinsicht auf die Zubereitung eines frisch gekochten Essens, einfacher.

Kellogg's
CORN FLAKES™
RICE KRISPIES™
ART OF OIL
ORIGINAL
FOODOHOLIC

Einleitung

Unsere Küchen haben einen hohen Stellenwert in unseren Haushalten.
Inzwischen sind sie sogar zu einem Prestige-Objekt aufgestiegen.
Sie sind nicht nur Mittelpunkt jeder grandiosen Party, sondern vielmehr ein zentraler Raum, in dem wir viel Zeit mit unseren Liebsten verbringen.

Obwohl unsere Küchen immer glamouröser und mit immer teureren Küchengadgets gespickt sind, kann dies von der Qualität unseres Essens nicht behauptet werden.

"Hauptsache günstig und viel" scheint sexy. Schnell noch einen Snack zwischen Tür und Angel gegessen gehört zum Normalfall.

Genuss, Gemeinsamkeit, Qualität der Zutaten und einfach mal in Ruhe und ohne Ablenkung zu essen scheint in den Hintergrund gerückt.

In unserem durchgetakteten und von Routinen geprägten Alltag haben wir den Kontakt zu den Lebensmitteln und deren Herstellung verloren.

Wie wurde dieses Lebensmittel produziert? Wer hat es angebaut, verarbeitet und abgepackt? Was für Zusatzstoffe sind da eigentlich enthalten?
Unter welchen Umständen lebte das Tier, das ich gerade esse?

Als Verbraucher*innen sehen wir nur das Endprodukt in Kombination mit bunten Verpackungen und tollen Marketingversprechen. Mit der Realität haben diese in der Regel wenig gemeinsam.

Heutzutage leben wir in einer weitgehend friedvollen Welt.
Wir leben im Überfluss. Die meisten von uns haben den Luxus, zu wählen.

Lasst uns diesen Luxus zum Guten nutzen.
Jeder wie es ihm auf seine Art und Weise möglich ist.

Müssen und wollen wir wirklich schon im Februar Erdbeeren aus fernen Regionen essen? Sollen alle Lebensmittel permanent rund ums Jahr von immer weiter weg bei uns angboten werden?

Wollen und können wir uns nicht gedulden, bis das heimische Obst und Gemüse reif ist? Brauchen wir das ständige Überangebot?

Wir als Konsumenten sollten das überdenken.

Faire Löhne, umweltfreundliche Verpackungen, nachhaltiger Anbau, artgerechte Tierhaltung... all das geht nur, wenn wir die Dinge hinterfragen und unser Kaufverhalten entsprechend anpassen.

Jede kleine Veränderung eines Einzelnen kann alle ein großes Stück voran bringen.

Niemand soll und muss verzichten aber jeder sollte seine Kaufentscheidungen überdenken und bewusster treffen. Das muss nicht immer perfekt sein.

Genussvoll im Alltag zu essen funktioniert auch mit einfachen Dingen.

Na dann LOS... lasst uns uns gemeinsam etwas bewegen!

Foodoholic Challenge

Teile und zeige deine Triumphe in der Küche mit **#foodoholicChallenge**
und halte in unserer Instagram Story **@foodoholic_magazin** Ausschau nach den damit verbundenen Gewinnspielen ;-)

Foodoholic Challenge
50% weniger Fleisch
☑ Tag 1: Puffer vom Blech
☑ Tag 2: Wrap-Flammkuchen
☑ Tag 3: Zucchini Cordon Bleus
☑ Tag 4: Blumenkohl-Parmesan Suppe
☑ Tag 5: BBQ Halloumi Salat
☐ Tag 6: Herzhafte Puffer-Waffeln
☐ Tag 7: 12 Minuten Feierabend Couscous

Maximal alltagstauglich

Tag 1: 12 Minuten Feierabend Couscous (S.34)
Tag 2: Lachs-Fischstäbchen (S.50)
Tag 3: Zitronen-Lauch-Hühnchen (S.28)
Tag 4: Lieblings Sommer Pasta (S.58)
Tag 5: Feierabend auf Marrokanisch (S.40)
Tag 6: Nudelreis Feierabendpfanne (S.73)
Tag 7: Bratreis 2.0 (S.64)

7 Tage vegetarisch

Tag 1: Der schnelle Alltagsheld (S. 49)
Tag 2: Gemüse Paella (S.63)
Tag 3: Lasagnen Nudelreis Pfanne (S.69)
Tag 4: Blumenkohl-Kartoffelpüree (S.92)
Tag 5: Grünes Curry 2.0 (S.104)
Tag 6: Süße Gnocchi (S.144)
Tag 7: Bratreis 2.0 (S.64)

50% weniger Fleisch

Tag 1: Puffer vom Blech (S.23)
Tag 2: Wrap-Flammkuchen (S.42)
Tag 3: Zucchini Cordon Bleus (S.76)
Tag 4: Blumenkohl-Parmesan Suppe (S.94)
Tag 5: BBQ Halloumi Salat (S.118)
Tag 6: Herzhafte Puffer-Waffeln (S.32)
Tag 7: 12 Minuten Feierabend Couscous (S.34)

7 Tage vegan

Tag 1: Fixes BBQ Ofengemüse (S.26)
Tag 2: Grünes Curry 2.0 (S.104)
Tag 3: Curry (ohne) Wurst (S.78)
Tag 4: Feurige Linsen-Karotten-Suppe (S.89)
Tag 5: Gemüse Paella (S.63)
Tag 6: Mein liebster Thai Salat (S.172)
Tag 7: Herzhafte Puffer Waffeln (S.32)

Mehr Gemüse

Tag 1: Fixer Falafel Kracher (S.36)

Tag 2: Berliner Maultaschen Bowl (S.87)

Tag 3: Herbstlich leichter Feierabend (S.122)

Tag 4: Schnelle Asia Nummer (S.109)

Tag 5: Für Fischstäbchen-Liebhaber (S.52)

Tag 6: Fixes BBQ Gemüse (S.26)

Tag 7: Süßkartoffel-Kartoffel-Püree 2.0 (S.90)

Low Carb

Tag 1: Italo Chicken (S.24)

Tag 2: Blumenkohl Parmesan Suppe (S.94)

Tag 3: BBQ Halloumi Salat (S.118)

Tag 4: Burger Bowl (S.74)

Tag 5: 8 Minuten Curry French Toast (S.129)

Tag 6: Brokkoli Quiche (S.102)

Tag 7: Fixer Falafel Kracher (S.36)

Für Sportler

Tag 1: Zitronen-Lauch-Hühnchen (S.28)
Tag 2: 12 Minuten Feierabend Couscous (S.34)
Tag 3: Skandinavische Leichtigkeit (S.54)
Tag 4: Bratreis 2.0 (S.64)
Tag 5: Tortilla de Barcelona (S.100)
Tag 6: Nudelreis Feierabendpfanne (S.73)
Tag 7: BBQ Halloumi Salat (S.118)

Die Leichtesten (kalorienarm)

Tag 1: Feierabend auf Marrokanisch (S.40)
Tag 2: Nudelreis Feierabendpfanne (S.73)
Tag 3: Gemüse Paella (S.63)
Tag 4: Feurige Linsen-Karotten-Suppe (S.89)
Tag 5: Weißes Bohnen Con Carne (S.96)
Tag 6: Berliner Maultaschen Bowl (S.87)
Tag 7: Curry (ohne) Wurst (S.78)

Feierabend

Puffer vom Blech

30 VEG

Für 2 Personen:

300g Kartoffeln
1/4 Brokkoli

1 kleine Zwiebel
50g TK Erbsen
2 Bio Eier
80g Mehl
1 gestrichener TL Salz

Topping:

120g Cherrytomaten
Etwas frische Petersilie
Etwas frischen Koriander

60g Ziegen- oder klassischen Frischkäse

- Ofen auf 200°C Ober-Unterhitze vorheizen.

- **Kartoffeln** schälen. Zusammen mit dem **Brokkoli** in feine Streifen raspeln.

- **Zwiebel** in feine Würfel schneiden und mit den **Erbsen**, **Eiern**, **Mehl** und **Salz** zu der geraspelten **Kartoffel-Brokkoli-Mischung** geben. Gründlich vermischen.

- Auf ein mit Backpapier belegtes Backblech geben und für ~25 Minuten backen.

- In der Zwischenzeit die **Cherrytomaten** halbieren und **Kräuter** deiner Wahl fein hacken.

- Ab Minute 22 das Backblech auf die oberste Halterung schieben und die Flächengrill-Funktion deines Ofens anschalten.

  (Puffer im Auge behalten, sodass sie nicht verkohlen.)

- Final mit **Ziegen- oder Frischkäse**, **Cherrytomaten** und **gehackten Kräutern** toppen.

Pro Person: 477 Kalorien • **23g** Eiweiß • **66,6g** Kohlenhydrate • **10,8g** Fett

Italo Chicken

27

Für 2 Personen:

300g Hühnchenbrustfilet, bio
1 große Tomate
1 Mozzarella-Kugel (125g)

1TL Olivenöl, extra nativ
30ml Balsamico Essig
1TL Ahornsirup
1 kleine Knoblauchzehe
1 Prise Salz

120g Cherrytomaten

1/2 Gurke
1-2EL Naturjoghurt
Etwas Dill
1 Prise Salz

1 Handvoll frisches Basilikum

- Ofen auf 200°C Ober-Unterhitze vorheizen.
- **Hühnchenbrustfilets** in der Pfanne gar braten.
- In der Zwischenzeit **Tomate** und **Mozzarella** in Scheiben schneiden.
- Das Dressing aus **Olivenöl**, **Balsamico Essig** , **Ahornsirup** (oder Honig), **fein geschnittener Knoblauchzehe** und **Salz** vermischen.
- Die **Hühnchenbrustfilets** in eine Auflaufform geben. Mit der Hälfte vom **Dressing** bestreichen. Mit den **Tomaten- und Mozzarellascheiben** toppen.
- **Cherrytomaten** halbieren und mit in die Auflaufform geben. Für circa fünf Minuten im Ofen backen.
- In der Zwischenzeit die **Gurke** fein schneiden. Mit **Naturjoghurt**, **Dill** und **Salz** vermischen.
- Final den Auflauf mit dem **Rest des Dressings** und **Basilikum** garnieren.

Pro Person: 468 Kalorien • **46,2g** Eiweiß • **12,4g** Kohlenhydrate • **24,7g** Fett

Fixes BBQ Ofengemüse

28 V

Für 2 Personen:

1 Maiskolben
1 rote Paprika
1 rote Zwiebel
1 Fenchel
8 Cocktailtomaten
6 Kartoffeln

2EL Olivenöl, extra nativ
2EL Ahornsirup
1TL Paprikapulver (besser noch geräuchertes Paprikapulver)
1/2TL Salz
1 Prise Pfeffer
Etwas Zitronenabrieb + Saft

- Ofen auf 180°C Umluft vorheizen.
- **Maiskolben**, **Paprika**, **Zwiebel** und **Fenchel** in grobe Stücke schneiden. **Cocktailtomaten** halbieren. **Kartoffeln** in Wedges schneiden.
- **Fenchelgrün** fein schneiden und für später aufheben.
- Aus **Olivenöl**, **Ahornsirup**, **Paprikapulver**, **Salz**, **Pfeffer**, **Zitronenabrieb** und etwas **Saft einer Zitrone** eine BBQ-Marinade anrühren.
- BBQ-Marinade mit dem Gemüse gründlich vermischen. Auf ein mit Backpapier belegtes Blech legen und für 22 Minuten backen.
- Mit **Fenchelgrün** und etwas Salz toppen.

Pro Person: 727 Kalorien • **17,3g** Eiweiß • **114,4g** Kohlenhydrate • **17,8g** Fett

Zitronen-Lauch-Hühnchen

22

Für 2 Personen:

130g Wildreis (wenn es schneller gehen soll Basmati Reis)

300g Hühnchenbrustfilet, bio
300g Lauch (1 ganzer Lauch)
4 Champignons
Grün einer Frühlingszwiebel

150ml Hafer Cuisine (alternativ die gleiche Menge Schlagsahne)

1/2TL Salz

Abrieb einer halben Bio-Zitrone

Reis nach Packungsangaben kochen.

- **Hühnchenbrustfilets** in Streifen schneiden. **Lauch** und **Frühlingszwiebel** abwaschen und fein schneiden. **Champignons** in Streifen schneiden.
- Alles zusammen in etwas Olivenöl (in einer großen Pfanne) für circa 10-15 Minuten schmoren, bis das Hühnchen gar ist.
- Nach fünf Minuten die **Hafer Cuisine** und das **Salz** dazugeben.
- Anschließend ordentlich **Zitronenabrieb** über die gesamte **Gemüse-Hühnchen-Mischung** reiben.
- Schließlich mit dem **Wild- oder Basmatireis** servieren.

Pro Person: 608 Kalorien • **48,8g** Eiweiß • **58,4g** Kohlenhydrate • **14g** Fett

Easy Wedges-Blech

32

Für 2 Personen:

600g Kartoffeln
4EL Olivenöl, extra nativ
2EL Kartoffelgewürz **(alternativ Paprikapulver & Salz)**

1 rote Zwiebel
2 Knoblauchzehen
240g Cherrytomaten

200g Mais
200g Bohnenmischung

240g Bio-Rinderhackfleisch

Etwas frischer Koriander

- **Kartoffeln** abwaschen, abtrocknen und in Wedges schneiden (vierteln oder achteln). In einer großen Schüssel mit **Olivenöl** und **Kartoffelgewürz** schwenken.

- **Zwiebel**, **Knoblauchzehen** und **Cherrytomaten** schneiden.

- Mit **Kartoffeln**, **Mais**, **Bohnenmischung** und **Hackfleisch** vermischen.

- Für 25 Minuten backen.

- Anschließend mit Salz und **frischem Koriander** / **Petersilie** toppen.

Verzehrempfehlung: Mit Mojo Rojo oder Aioli servieren!

Pro Person: 977 Kalorien • **40,8g** Eiweiß • **84,7g** Kohlenhydrate • **49,4g** Fett

Herzhafte Puffer-Waffeln

Für 2 Personen:

1 Süßkartoffel
1 Porree
2 Lauchzwiebeln
1/2 Zwiebel

130g Weizenmehl
130ml Leitungswasser
1TL Salz

8 Cherrytomaten
1 Lauchzwiebel
2 Scheibchen Ingwer

Spritzer Zitrone
Etwas Olivenöl
1 Prise Salz & Pfeffer

- **Süßkartoffel** schälen. In ganz feine Stücke schneiden. **Porree**, **Lauchzwiebeln** und **Zwiebel** in feine Stücken schneiden.

- **Gemüse** gründlich mit **Weizenmehl**, **Leitungswasser** und **Salz** vermischen.

- Waffeleisen vorheizen und leicht befetten. Anschließend die **Gemüsemischung** gleichmäßig verteilen und dann für mindestens sechs Minuten goldbraun braten.

- In der Zwischenzeit **Cherrytomaten** in feine Würfel schneiden. **Lauchzwiebel** fein schneiden. In eine Schüssel geben und den geschälten **Ingwer** dazureiben.

- Mit **frisch gepresster Zitrone**, **Olivenöl**, **Salz und Pfeffer** abschmecken.

- Gebackene Waffeln mit der **Tomaten-Ingwer-Mischung** servieren.

Pro Person: 503 Kalorien • **12,6g** Eiweiß • **86,5g** Kohlenhydrate • **9,4g** Fett

12 Minuten Feierabend Couscous

Für 2 Personen:

2 große Karotten
1 rote Paprika
2 Handvoll Petersilie

290g Hühnchenbrustfilet, bio

1EL Garam Masala
(oder ein anderes Currypulver)
1 gestrichener TL Salz

400ml Hühnerbrühe

120g Couscous

1/2 Granatapfel

- **Karotten** und **Paprika** in feine, mundgerechte Stücke schneiden. Die **Petersilie** fein hacken.
- **Hühnchenbrustfilet** würfeln. Zusammen mit **Karotte** und **Paprika** in einem großen Topf scharf anbraten.
- Das **Garam Masala** und **Salz** dazugeben. Kurz vermischen und dann mit der **Hühnerbrühe** ablöschen.
- Für fünf Minuten köcheln lassen, bis das **Hühnchenbrustfilet** durch ist.
- Den **Couscous** dazugeben, unterrühren und den Topf von der Herdplatte nehmen. Für einige Minuten quellen lassen.
- In der Zwischenzeit den **Granatapfel** halbieren und über einer Schüssel von den Kernen entfernen.
- Die **fein gehackte Petersilie** unter den **Couscous** mischen. Mit den **Granatapfelkernen** toppen.

Pro Person: 485 Kalorien **41,6g** Eiweiß • **61,1g** Kohlenhydrate • **5g** Fett

Fixer Falafel Kracher

15 VEG

Für 2 Personen:

1/2 Packung Falafel-Trockenmischung (80g)

50g Feldsalat

80g Cherrytomaten
1/2 Granatapfel
1/2 Gurke

Für das Dressing:

100g Naturjoghurt
1TL frisch gepresste Limette
2 Prisen Salz
1 Prise Zucker
1/2TL Kreuzkümmelpulver
1EL Minze
1TL Petersilie
1/2 Knoblauchzehe

- **Falafel-Trockenmischung** nach Packungsangabe zubereiten.
- **Feldsalat** in eine Schüssel geben. **Cherrytomaten** vierteln, **Gurke** fein schneiden, **Granatapfel** halbieren und mit einem Löffel die Kerne aus der Schale klopfen.
- Das Dressing aus **Naturjoghurt**, **gepresster Limette**, **Salz**, **Zucker**, **Kreuzkümmelpulver**, **frisch gehackter Minze**, **Petersilie** und **Knoblauchzehe** vermischen. Mit dem Salat vermischen.
- Die **Falafeln** entweder in Öl frittieren oder in einer Pfanne mit etwas Öl kross anbraten.
- Alles mit etwas frischem Hummus servieren.

Pro Person: 256 Kalorien • **12,6g** Eiweiß • **35,8g** Kohlenhydrate • **5g** Fett

Orient Express

25 VEG

Für 2 Personen:

100g Beluga Linsen

4 mittelgroße Karotten

1/2 Granatapfel

1 Orange

80g Feta Käse, bio

4 Messerspitzen Kreuzkümmel
1TL Salz
Etwas Zitrone

Beluga Linsen nach Packungsangaben kochen.

- **Karotten** in längliche Streifen oder mundgerechte Würfel schneiden. (Ich habe sie nicht geschält, sondern nur gewaschen und dreckige Stellen fein rausgeschnitten).

- Diese in etwas Olivenöl für circa zehn Minuten auf mittlerer Temperatur weich schmoren.

- In der Zwischenzeit den **Granatapfel** halbieren. Mit einem Esslöffel auf die Schale schlagen, sodass die Kerne in eine darunter platzierte Schüssel fallen.

- **Orange** filetieren.

- Die fertig gekochten **Linsen** mit den **Karotten** und dem zerbröselten **Feta Käse** vermischen. **Kreuzkümmel** und **Salz** dazugeben. **Zitrone** über der Schüssel auspressen. Orangenreste (Schalen und Rest des Fruchtfleisches) gründlich über den Linsen auspressen.

- Die Mixtur zusammen mit den **Orangenfilets** servieren.

Pro Person: 425 Kalorien • **21,2g** Eiweiß • **48,8g** Kohlenhydrate • **11,7g** Fett

Feierabend auf Marrokanisch

19

Für 2 Personen:

1 Knoblauchzehe
1 rote Paprika

180g TK-Garnelen, bio
110g TK-Erbsen

100g Couscous
1 Prise Salz & Pfeffer
1/2 Zitrone, ausgepresst
200ml Leitungswasser

400g fein-stückige Tomaten aus der Dose

1/2TL Kreuzkümmelpulver
1 Löffelspitze Ceylon Zimt
1 gestrichener TL Salz

2 Handvoll Petersilie

- **Knoblauch** fein schneiden. **Paprika** in kleine Würfel schneiden. Scharf anbraten.
- Aufgetaute **TK-Garnelen** und **TK-Erbsen** dazugeben. Für fünf Minuten mitbraten.
- In der Zwischenzeit den rohen **Couscous** mit **Salz**, **Pfeffer** und ausgepresster **Zitrone** vermischen. Mit kochendem **Leitungswasser** aufgießen. Circa zehn Minuten quellen lassen.
- Die **fein-stückige Tomaten** zu den Garnelen geben. **Kreuzkümmelpulver**, **Zimt** und **Salz** dazu. Alles vermischen. Für wenige Minuten köcheln lassen.
- Frische **Petersilie** fein hacken.
- Den gequellten **Couscous** entweder mit der gesamten Pfanne vermischen oder als Beilage auf dem Teller servieren. Mit frisch gehackter **Petersilie** toppen.

Pro Person: 370 Kalorien • **26,4g** Eiweiß • **54,2g** Kohlenhydrate • **3g** Fett

Wrap-Flammkuchen

22

Für 2 Personen:

1 Birne
3 große Medjool Datteln
40g Südtiroler Bio Speck
80g geräucherter Wildlachs
1/2 rote Zwiebel

4 Stiele Dill

130g Crème fraîche
6 Wraps

3EL Ziegenfrischkäse, bio
3 Prisen Salz

- Ofen auf 200°C Umluft vorheizen.

- **Birne**, **Datteln**, **Speck**, **Lachs** und **Zwiebel** in Streifen schneiden. **Dill** fein hacken.

- **Crème fraîche** auf allen **Wraps** gleichmäßig verstreichen.

- Die eine Hälfte der Wraps mit **Birnen-**, **Dattel-**, **Speck-** und der **Hälfte der Zwiebelstreifen** belegen. Mit **Ziegenfrischkäse** und **Salz** toppen.

- Die zweite Hälfte mit **Lachsstreifen**, **Dill** und der **zweiten Hälfte Zwiebeln** belegen.

- Für zwölf Minuten im Ofen backen.

Pro Person: 1077 Kalorien • **35,3g** Eiweiß • **132,9g** Kohlenhydrate • **45,4g** Fett

Schnelle Pariser

25

Ziegenkäse:

1/2 Baguette
1 rote Zwiebel
1EL Olivenöl, extra nativ
1TL Zucker
1TL Balsamico Essig
30g Walnüsse
1 Ziegenkäsecamembert
Etwas Hüttenkäse

Pesto:

1/2 Baguette
1/4 Glas Pesto Genovese
5 Stangen grüner Spargel
3 Cocktailtomaten
Etwas Basilikum

Olive:

1/2 Baguette
1/4 Glas Pesto Genovese
1/2 Zucchini
3 Scheiben Südtiroler Speck
3 Cocktailtomaten
3 getrocknete Tomaten
6 Oliven

- Ofen auf 180°C Umluft vorheizen.

- Für das Ziegenkäsebaguette **rote Zwiebel** klein schneiden. In **Olivenöl** und **Zucker** anrösten. Mit **2EL Wasser** ablöschen. Hitze runter regullieren. **Balsamico Essig** dazu geben. Eine Minute einköcheln lassen. **Walnüsse** dazu.

- Etwas **Olivenöl** aufs Baguette streichen. **Ziegenkäsecamembert** in Scheiben schneiden und auf dem Baguette verteilen. Zwischenräume mit **Hüttenkäse** füllen.

  Zwiebel-Walnussfüllung darüber geben.

- Für das Pestobaguette das **Pesto** aufs **Baguette** streichen. **Cocktailtomaten** vierteln, **grünen Spargel** in feine Streifen schneiden. Verteilen und mit **Basilikum** toppen.

- Für das Olivenbaguette das **Pesto** aufs Baguette streichen. **Zucchini**, **Speck** und **Tomaten** fein schneiden und verteilen. **Getrocknete Tomaten** und **Oliven** verteilen.

- **Alle Baguettes** <u>für zehn Minuten</u> goldbraun backen.

Pro Person: 1060 Kalorien • **43g** Eiweiß • **97g** Kohlenhydrate • **54g** Fett

Reste Wrap Auflauf

40 VEG

Für 2 Personen:

6 Wraps

1 rote Paprika
1/4 Hokkaidokürbis
1 Karotte
50g Mais
6 Brokkoliröschen (~100g)
1/2 Knoblauchzehe
Rest Frühlingszwiebel

30g Tortilla Chips

150g Streukäse, bio

Der Mexiko-Dip von Seite 80 passt gut hierzu.

- Ofen auf 180°C Umluft vorheizen.
- Eine kleine Auflaufform mit **fünf Wraps** überlappend auslegen.
- Das **gesamte Gemüse** fein schneiden und in etwas Bratöl für circa fünf bis acht Minuten weich schmoren.
- Einen ersten Teil vom **Streukäse** auf die Wraps streuen. Das **geschmorte Gemüse** dazufüllen. **Tortilla Chips** dazubröseln. Mit dem **Rest Streukäse** toppen. Den **letzten Wrap** abschließend auf den Streukäse legen.
- Die **überlappenden** Wraps mittig umklappen, sodass das Gemüse gut eingewickelt ist (siehe Rezeptbild).
- Für 30 Minuten im Ofen backen.
- Mit einem Brotmesser in gleichgroße Stücken schneiden und gemeinsam mit dem **Mexiko-Dip** genießen.

Pro Person: 1074 Kalorien • **43,4g** Eiweiß • **131,6g** Kohlenhydrate • **37,4g** Fett

Der schnelle Alltagsheld

10 VEG

Für 2 Personen:

Für den Teig:

2 Bio Eier
120g Weizenmehl Typ 1050
250ml Vollmilch oder pflanz. Milch
1 Prise Salz
50g frischer Blattspinat

Für die Füllung:

200g Cherrytomaten
50g Feldsalat
80g Gratin-Käse zum Überbacken

- **Alle Teigzutaten** in einen Mixer geben und zu einer einheitlichen Flüssigkeit vermixen.
- Die **Cherrytomaten** vierteln, den **Feldsalat** abwaschen.
- Einen Klecks vom Teig in die Mitte der leicht befetteten Pfanne geben. Für zwei bis drei Minuten auf mittlerer Hitze braten.
- Den Crêpe wenden. **Einen Teil der Füllung** in die Mitte geben und für weitere ein bis zwei Minuten braten.
- Crêpe in der Pfanne einrollen und dann beseite auf einen Teller legen. Den Prozess wiederholen, bis der Teig alle ist.

Pro Person: 541 Kalorien • **31g** Eiweiß • **53,7g** Kohlenhydrate • **21,5g** Fett

Lachs-Fischstäbchen

18

Für 2 Personen:

320g TK Wildlachs

50g Mehl
2 Eier, bio
50g Paniermehl

4EL qualitative Remoulade

- **TK Wildlachs** auftauen.
- Drei Teller auf der Arbeitsfläche verteilen. In den ersten das **Mehl** geben. In dem zweiten die **Eier** verquirlen. In den dritten das **Paniermehl** füllen.
- Den **Lachs** nun nacheinander jeweils gründlich in **Mehl**, **verquirlten Eiern** und **Paniermehl** wenden.
- Von jeder Seite in etwas **Bratöl** auf mittlerer Hitze gar braten.
- Mit **Remoulade** und deinem Lieblingssalat servieren.

Pro Person: 563 Kalorien • **46,6g** Eiweiß • **38,4g** Kohlenhydrate • **24,2g** Fett

Für Fischstäbchen-Liebhaber

35

Für 2 Personen:

320g Kartoffeln, bio

60g Radieschen (4 Stück)
160g grüner Spargel

2 Bratfische

40g Feldsalat, gewaschen, geschleudert

Gekaufte Senfsauce

Für das Dressing:

3EL Olivenöl, extra nativ
1EL weißer Balsamico
1TL Zitronensaft
1/2TL mittelscharfer Senf

- **Kartoffeln** am Vortag gar kochen.

- Die **Radieschen** und den **Spargel** in mundgerechte Stücke schneiden. Den **Spargel** in der Pfanne kurz gar schmoren.

- In der Zwischenzeit alle **Dressingzutaten** in ein kleines Gefäß geben und gründlich vermischen.

- Den **Bratfisch** von allen Seiten goldbraun braten.

- Die **Kartoffeln** pellen, in mundgerechte Stücke schneiden und zusammen mit **Spargel**, **Radieschen**, **Feldsalat** und **Dressing** vermischen. Mit etwas **Salz** würzen.

- Den **Bratfisch** zusammen mit dem **Salat** und etwas **Senfsauce** servieren.

Pro Person: 628 Kalorien • **27,3g** Eiweiß • **63,5g** Kohlenhydrate • **28,3g** Fett

Skandinavische Leichtigkeit

26

Für 2 Personen:

6 Kartoffeln
2 Eier, bio

4 Scheiben geräucherter Lachs
300g Quark, bio
2 Prisen Salz
1TL Zitronensaft
2TL gehackter Dill
2TL gehackte Petersilie

1/2 Gurke

10g Butter, bio

- **Kartoffeln** samt Schale für circa 20-24 Minuten weich kochen. **Eier** für 6:45min weich kochen.

- In der Zwischenzeit den **Lachs** in feine Würfel schneiden und mit **Quark**, **Salz**, **frisch gepresster Zitrone**, **gehacktem Dill und gehackter Petersilie** vermischen.

- **Gurke** in längliche Streifen hobeln oder in Streifen schneiden.

- Die fertig gekochten **Kartoffeln** in etwas **Butter**, **Dill** und **grobem Salz** schwenken. Zusammen mit dem Rest servieren.

Pro Person: 530 Kalorien •**40,2g** Eiweiß • **58,2g** Kohlenhydrate • **12,6g** Fett

Reste Pasta

20

Für 2 Personen:

200g Pasta vom Vortag
(oder Rigatoni, Spaghetti und
Vollkornspirelli kochen)

150g Cherrytomaten
1 Paprika
1/2 Zucchini
1 kleine Zwiebel
1/2TL Salz

Reste Kräuter

50g Parmesan, gerieben
3 Eier, Bio
25g Butter

20g Gratinkäse

- Den Ofen auf 200°C Umluft vorheizen.
- **Pasta vom Vortag** verwenden oder **angebrochene Pasta-Sorten** al dente kochen.
- **Cherrytomaten, Paprika, Zucchini** und **Zwiebel** fein schneiden (alternativ passendes Reste-Gemüse aus deinem Kühlschrank fein schneiden).
- **Pasta** abgießen und zusammen mit dem **Gemüse, Salz, gehackten Kräutern, Parmesan**, **Eiern** und **Butter** gründlich vermischen.
- In eine Auflaufform geben und mit etwas **Gratinkäse** bestreuen.
- Für ~15 Minuten im Ofen backen.
- Mit ein paar frischen Kräutern verfeinern.

Pro Person: 795 Kalorien • **37,7g** Eiweiß • **84,6g** Kohlenhydrate • **32,5g** Fett

Lieblings Sommer Pasta

12

Für 2 Personen:

200g Gnocchetti

150g Zucchini
1 mittelgroße Karotte
1 kleine Knoblauchzehe

100g Schlagsahne, bio
1EL italienische Kräuter
1/2TL Salz

1/2 Zitrone, bio
plus Zitronenschale

40g Parmesan

- **Gnocchetti** nach Packungsangaben al dente kochen.

- **Zucchini** und **Karotte** in feine Würfel schneiden. Die **Knoblauchzehe** fein hacken.

- Das Gemüse nun anschmoren. Die **Schlagsahne** mit den **italienischen Kräutern** und **Salz** dazugeben.

- Die gar gekochten **Gnocchettis** mit in die Pfanne geben. Eine halbe **Zitrone** dazupressen und ordentlich **Zitronenschale** abreiben, bis der für dich leckerste Zitruspunkt erreicht ist.

- Im letzten Schritt alles mit etwas frischem **Parmesan** und ein paar fein geschnittenen Zitronenschalen toppen.

Pro Person: 434 Kalorien • **13,2g** Eiweiß •**40,6g** Kohlenhydrate • **23,1g** Fett

Express Curry Pasta

13

Für 2 Personen:

160g Pasta deiner Wahl

1/2 rote Paprika
1/2 Zucchini
1/2 kleine Zwiebel
1 Hühnchenbrustfilet

1/2 Dose Kokosmilch
200ml Leitungswasser

Etwas Abrieb vom Ingwer
1 EL Currypulver

2 Prisen Salz
2 Schuss ausgepresste Zitrone
1 Hand voll Koriander

- Die **Pasta** nach Packungsangaben al dente kochen.
- In der Zwischenzeit das **gesamte Gemüse** sowie das **Hühnchenbrustfilet** in mundgerechte Stücke schneiden.
- Das **Hühnchenbrustfilet** zusammen mit der **Zwiebel** scharf anbraten. Das **Gemüse** dazugeben und kurz schmoren lassen.
- Mit **Kokosmilch** und **Leitungswasser** ablöschen. Den **Ingwer** dazureiben und das **Currypulver** unterrühren.
- Die Soße mit **Salz** und etwas **frisch ausgepresster Zitrone** abschmecken.
- Final mit frisch gehackten **Koriander** servieren.

Pro Person: 678 Kalorien • **45,4g** Eiweiß • **69,8g** Kohlenhydrate • **23,7g** Fett

Gemüse Paella

40 V

Für 2 Personen:

1/2 Zwiebel
2 mittelgroße Karotten
3 Champignons
1 kleine rote Paprika
1 große Tomate

120g Rundkornreis
1EL Tomatenmark

1EL Gemüsebrühenpulver
380ml Leitungswasser
1TL Paprikapulver (noch besser geräuchertes Paprikapulver oder ein Paella Gewürz)
1/2TL Kurkumapulver

60g TK Erbsen

2 Prisen Salz
Spritzer Zitrone

- **Zwiebel** fein schneiden. **Karotten** und **Paprika** längs schneiden. **Champignons** vierteln. **Tomate** in Stückchen schneiden.

- **Gemüse** zusammen mit dem **Reis** und **Tomatenmark** in der Pfanne kurz scharf anbraten.

- Mit **Gemüsebrühe** ablöschen, **Gewürze** hinzufügen und bei kleiner Hitze für circa 30 Minuten einköcheln lassen.

- Kurz vor Ende die **TK Erbsen** dazugeben.

- Final mit **Salz** und **Zitrone** abschmecken.

Pro Person: 335 Kalorien • **10g** Eiweiß • **64,7g** Kohlenhydrate • **1,6g** Fett

Bratreis 2.0

32 VEG

Für 2 Personen:

130g Parboiled Reis

4 Champignons
1 Frühlingszwiebel
1 Knoblauchzehe

1EL Currypulver
1/2 TL Salz

100g TK Erbsen

3 Eier, bio

Etwas Pfeffer

- **Reis** nach Packungsangaben kochen.
- In der Zwischenzeit **Champignons** vierteln, **Frühlingszwiebel** und **Knoblauchzehe** fein schneiden.
- Den **gekochten Reis** zusammen mit **Currypulver** und **Salz** in etwas **Öl** anbraten.
- Das geschnibbelte Gemüse und die **TK Erbsen** zum **Reis** geben und für fünf bis zehn Minuten mitschmoren.
- **Reis-Gemüse-Mischung** etwas zur Seite schieben. **Eier** in die Pfanne schlagen und dort verquirlen. Diese dann unter die **Reis-Gemüse-Mischung** heben und nochmal für ein paar Minuten mitschmoren lassen.
- Final mit etwas **Pfeffer** und **Salz** abschmecken.

Pro Person: 446 Kalorien •**22,8g** Eiweiß • **60,1g** Kohlenhydrate • **11,3g** Fett

Reste Reis-Mais-Bratlinge

32 VEG

Für 2 Personen:

70g Reis

1 Handvoll Petersilie
1 Grün Lauchzwiebel

220g Mais

1/2 TL Salz

1/2TL Currypulver
2EL Mehl

4EL feine Haferflocken

3 Eier, bio

- **Reis** vom Vortag verwenden oder ggf. die angegebene Menge Reis kochen.
- **Petersilie** und **Lauchzwiebel** fein schneiden.
- **Reis**, **Petersilie**, **Lauchzwiebel**, **Mais**, **Salz**, **Currypulver**, **Mehl**, **Haferflocken** und **Eier** in einer großen Schüssel gründlich vermischen.
- **2-3EL** der Masse in etwas Öl von jeder Seite knusprig braten.
- Mit **Süß Saurer Asia Soße** servieren.

Pro Person: 475 Kalorien • **21,5 g** Eiweiß • **64,1g** Kohlenhydrate • **13,1g** Fett

Lasagne Nudelreis Pfanne

18 VEG

Für 2 Personen:

1 mittelgroße Zwiebel
1 Zucchini

100g Lasagneplatten
80g Nudelreis

400g fein-stückige Tomaten aus der Dose

200ml Leitungswasser

100g Blattspinat
120g Gratinkäse

1EL italienische Kräuter
1 gestrichener EL Salz

Petersilie nach Belieben

- **Zwiebel** in feine Würfel schneiden. **Zucchini** in mundgerechte Stücke schneiden. In etwas Öl in einer großen Pfanne scharf anbraten.
- **Lasagneplatten** in Streifen brechen. Zusammen mit dem **Nudelreis** mit in die Pfanne geben.
- Alles mit **fein-stückigen Tomaten** und **Leitungswasser** ablöschen. Deckel auf die Pfanne legen und für zehn Minuten auf mittlerer Stufe köcheln lassen.
- In der Zwischenzeit den **Blattspinat** abwaschen und in feine Streifen schneiden.
- Nach zehn Minuten **Blattspinat** und **Gratinkäse** unter die Tomatensauce heben. **Italienische Kräuter** und **Salz** drüberstreuen.
- Optional mit etwas **frisch gehackter Petersilie** verfeinern.

Pro Person: 650 Kalorien • **35,6g** Eiweiß • **82,8g** Kohlenhydrate • **17,3g** Fett

Easy Paprika-Reis mit Spiegelei

23 VEG

Für 2 Personen:

160g Basmatireis
320ml Gemüsebrühe

2 Schalotten
2 rote Paprika

120g TK Erbsen

4EL Tomatenmark

100ml Gemüsebrühe

2 Eier, bio

1TL Salz
2TL Paprikapulver
Chilipulver nach Belieben

- **Reis** für circa 15 Minuten in **Gemüsebrühe** gar kochen.
- In der Zwischenzeit **Schalotten** und **Paprika** in feine Würfel schneiden.
- Sobald der **Reis** gar ist, **Schalotte** und **Paprika** scharf anbraten. Anschließend den **Reis**, **TK Erbsen**, **Tomatenmark** und den **zweiten Teil Gemüsebrühe** dazugeben. Gründlich vermischen.
- **Eier** in einer separaten Pfanne anbraten.
- Den Reis mit **Salz**, **Paprika**- und **Chilipulver** nach Belieben abschmecken.
- Servieren!

Pro Person: 532 Kalorien • **22,1g** Eiweiß • **83,9g** Kohlenhydrate • **9,2g** Fett

Nudelreis-Feierabend-Pfanne

18 VEG

Für 2 Personen:

1 Knoblauchzehe
1 Zucchini

400g passierte Tomaten
100-150ml Leitungswasser

120g Nudelreis

1EL italienische Kräuter
1TL Salz

2 Handvoll Rucola
50g Feta Käse

- **Knoblauchzehe** und **Zucchini** fein schneiden. In etwas **Öl** scharf anbraten.
- Mit den **passierten Tomaten** und etwas **Leitungswasser** ablöschen.
- Den **Nudelreis** dazugeben und für circa 13-15 Minuten auf mittlerer Hitze köcheln lassen. Immer mal wieder rühren.
- Anschließend die Pfanne mit **italienischen Kräutern** und **Salz** abschmecken.
- Den **Rucola** in feine Streifen schneiden und zusammen mit dem **Feta Käse** unterheben. Einen zweiten Teil des **Feta Käses** als Topping über das Essen streuen.

Pro Person: 386 Kalorien • **17,5** Eiweiß •**57,2 g** Kohlenhydrate • **7,9g** Fett

Burger Bowl

12

Für 2 Personen:

1/2 Gurke
4 Cornichons (60g)
1/2 Salat
80g Cherrytomaten

350g Rinderhackfleisch, bio
50g Streukäse

60g Brot vom Vortag

1EL Ketchup

- **Gurke, Cornichons** und **Salat** in feine Streifen schneiden. **Cherrytomaten** vierteln.

- Das **Rinderhackfleisch** in etwas Olivenöl gar braten. Kurz vor Ende den **Streukäse** kurz mitbraten.

- In einer separaten Pfanne das **Brot vom Vortag** mit einem guten Schuss **Olivenöl** kross braten. Das **Brot** zuvor in mundgerechte Würfel schneiden.

- Final die Bowl mit allen Komponenten zusammenführen und das Fleisch mit etwas **Ketchup** verfeinern.

Am besten schmeckt es, wenn du die Bowl vermischst!

Pro Person: 566 Kalorien •**47g** Eiweiß • **23,3g** Kohlenhydrate • **31,3g** Fett

Zucchini Cordon Bleus

18

Für 2 Personen:

1/2 Gurke
1EL Olivenöl
1 Prise Salz
Etwas Schnittlauch

300g Kartoffeln

1 große Zucchini

100g Scheibenkäse, Bio
80g Rosmarinschinken, Bio

50g Mehl
2 Eier, Bio
50g Paniermehl

- **Gurke** in mundgerechte Stücke schneiden. Mit **Olivenöl**, **Salz** und etwas **Schnittlauch** vermengen.
- **Kartoffeln** schälen. In mundgerechte Stücke schneiden.
- Enden der **Zucchini** abschneiden. Halbieren. Die Hälften längs jeweils in 0,5cm dicke Scheiben schneiden.
- Je eine Scheibe **Schinken** und **Käse** zuschneiden. Zwischen zwei Zucchinischeiben legen.
- Einen tiefen Teller mit **Mehl**, einen mit verquirlten **Eiern** und einen mit **Paniermehl** füllen.
- Pfanne mit etwas Bratöl vorheizen.
- Die befüllte **Zucchinis** gründlich in Mehl wenden. Durch das verquirlte **Ei** ziehen. Zum Schluss in **Paniermehl** wenden und die Brösel leicht andrücken. Die Zucchinis anschließend direkt im heißen Bratfett goldbraun braten.
- In einer separaten Pfanne die Bratkartoffeln zubereiten.
- Zucchini Cordon Bleus zusammen mit Gurkensalat und Bratkartoffeln servieren.

Pro Person: 706 Kalorien • **44,5g** Eiweiß • **70,4g** Kohlenhydrate • **25,1g** Fett

Curry (ohne) Wurst

26 V

Für 2 Personen:

100g Champignons
1/2 Paprika
1/2 Zucchini
300g Kartoffeln

Für die Soße:

1/2 Zwiebel
8 EL Ketchup
150ml Leitungswasser (10EL)
1 EL Agavendicksaft (oder Honig)
1 EL mildes Currypulver
1 EL Apfelmark
2 Prisen Salz

- Den Ofen auf 220°C Umluft vorheizen.

- Das **Gemüse** in mundgerechte Stücke schneiden. In **Olivenöl** schwenken und mit etwas **Salz** würzen. Für 22 Minuten backen.

- In der Zwischenzeit die **Zwiebel** in feine Würfel schneiden. Kurz in der Pfanne anschmoren. **Ketchup** dazugeben. (Temperatur der Herdplatte muss niedrig sein).

- **Leitungswasser**, **Agavendicksaft**, **Currypulver**, **Apfelmark** und **Salz** dazugeben. Gründlich vermischen. Ein wenig einköcheln lassen.

- Das fertig gebackene **Ofengemüse** mit der Currysoße vermischen.

Pro Person: 265 Kalorien • **8,1g** Eiweiß • **51,1g** Kohlenhydrate • **1g** Fett

Mexiko Burrito Bowl 2.0

18

Für 2 Personen:

160g Basmati Reis

1 rote Zwiebel
300g Hühnchenbrustfilet, Bio

240g Cherrytomaten
1 Avocado
1/2 Dose Schwarze Bohnen
1 Glas Mais (240g)
1/2 Limette

2 Handvoll Koriander (optional)

Mexiko-Dressing:

140ml Naturjoghurt Bio
1TL Paprikapulver
1/2 Limette
1/4TL Chilipulver
2 Prisen Salz

Reis nach Packungsangaben kochen.

- Die **Zwiebel** fein würfeln, das **Hühnchenbrustfilet** mundgerecht schneiden. Beides in etwas Öl braten, bis das Huhn gar ist.

- **Kidneybohnen** und **Mais** abtropfen, abwaschen und in eine Schüssel geben. **Avocado** und **Cherrytomaten** mundgerecht schneiden und mit in die Schüsel geben. **Limette** dazupressen. Alles zusammen mit dem fertig **gekochten Reis** vermischen.

- Das **Dressing** aus den aufgeführten Zutaten anrühren.

- **Huhn** und **Zwiebel** mit der **Hülsenfrüchte-Gemüse-Reismischung** vermengen und final alles mit etwas **Dressing** vermischen.

  Optional mit etwas frisch gehackten Koriander toppen.

Pro Person: 866 Kalorien • **53g** Eiweiß • **97,9g** Kohlenhydrate • **25,3g** Fett

Eier-Nudelreis Pfanne

18 VEG

Für 2 Personen:

180g Nudelreis

180g TK Karotten
150g TK Erbsen

3EL Sojasauce
1/2 TL Salz

3 Eier, bio

Etwas Sweet Chili Sauce
Etwas Röstzwiebeln

- **Nudelreis** nach Packungsangaben zubereiten.
- **TK Karotten** in einer Pfanne anbraten. Kurze Zeit später die **TK Erbsen** dazugeben.
- Das Wasser des fertig gekochten **Nudelreis** abgießen. **Nudelreis** mit in die Pfanne geben. **Sojasauce** und **Salz** dazugeben. Alles vermischen.
- **Nudelreis-Gemüse-Mischung** etwas zur Seite schieben. **Eier** in den Freiraum schlagen. Kurz verrühren. Mit der restlichen Pfanne vermischen.
- Für circa fünf Minuten auf mittlerer Temperatur braten.
- Mit **Sweet Chili Sauce** und ein paar **Röstzwiebeln** toppen.

Pro Person: 622 Kalorien • **29,3g** Eiweiß • **86,9g** Kohlenhydrate • **15,2g** Fett

20 Minuten Sushi Bowl

18

Für 2 Personen:

220g Sushi Reis
2EL weißer Balsamico Essig

100g Edamame Bohnen

1/2 Gurke
2 Stiele Frühlingszwiebel
2 rote Tomaten
100g geräucherter Lachs
1 Avocado
1/2 gelbe Zwiebel

4EL Sojasoße
1 Ingwerscheibe
1EL brauner Zucker
1/2EL Sesamöl
1/2EL weißer Balsamico Essig

2 Handvoll Sesam

- **Sushi Reis** nach Packungsangaben kochen. Nach der Kochzeit den **weißen Balsamico Essig** untermischen.

- **Edamame Bohnen** für fünf Minuten weich kochen.

- **Gurke**, **Frühlingszwiebel**, **Tomate**, **Lachs**, **Avocado** und **Zwiebel** in feine Würfel schneiden.

- Dressing aus **Sojasoße**, **geriebenen Ingwer**, **Zucker**, **Sesamöl** und **weißen Balsamico** vermischen. Mit der **Gemüse-Lachs-Mischung** vermischen.

- **Sushi Reis** zusammen mit der **Gemüse-Lachs-Mischung** servieren und mit etwas **Sesam** toppen.

Pro Person: 881 Kalorien • **31,3g** Eiweiß • **114,3g** Kohlenhydrate • **30,1g** Fett

Berliner Maultaschen Bowl

15 VEG

Für 2 Personen:

3 Gemüse Maultaschen

2 Eier, bio
1EL italienische Kräuter
Prise Salz

Salatvorschlag:

1 Salatherz
1 Orange, filetiert
2 frische Datteln
20g Cherrytomaten
1EL Ziegenfrischkäse
1EL Balsamico Essig
1EL Olivenöl, extra nativ

- **Maultaschen** in der Pfanne von allen Seiten kross braten.
- **Eier** mit den **italienischen Kräutern** und dem **Salz** verquirlen und mit in die Pfanne zu den **Maultaschen** geben.
- In der Zwischenzeit deinen **Lieblingssalat** zubereiten.
- Alles zusammen servieren und genießen!

Pro Person: 256 Kalorien •**15,7g** Eiweiß • **29,5g** Kohlenhydrate • **8,2** Fett

Feurige Linsen-Karotten Suppe

32 V

Für 2 Personen:

1 Zwiebel
1 Knoblauchzehe
2 mittelgroße Karotten

500ml Gemüsebrühe
200g fein-stückige Tomaten aus der Dose

130g rote Linsen

1/2TL Chilipulver
1TL mildes Currypulver
1/2TL Salz

- **Zwiebel**, **Knoblauchzehe** und **Karotten** in feine Würfel schneiden.
- Mit etwas Bratöl in einem Topf scharf anbraten.
- Mit **Gemüsebrühe** und **fein-stückigen Tomaten** ablöschen. **Linsen** dazugeben und <u>für 25 Minuten</u> köcheln lassen.
- Nach der Kochzeit die Flüssigkeit mit einem Stabmixer leicht pürieren, sodass noch einige Linsen unpüriert bleiben.
- Mit **Chili-**, **Currypulver** und **Salz** abschmecken.

Pro Person: 328 Kalorien •**22,1g** Eiweiß • **49,7g** Kohlenhydrate • **1,7g** Fett

Süßkartoffel-Kartoffel-Püree 2.0

35 VEG

Für 2 Personen:

230g Süßkartoffeln
400g Kartoffeln

300g Champignons
1 kleine Zwiebel
1 Knoblauchzehe
150g Cherrytomaten

1 gestrichener TL Salz

2-3EL Tomatenmark
15g Butter, bio
1EL Balsamico Essig
200ml Gemüsebrühe
Chilipulver nach Wahl

40g Butter, bio
60ml Vollmilch, bio

- **Süßkartoffel** und **Kartoffel** schälen und grob schneiden. In etwas Salzwasser für 25 Minuten weich kochen.
- **Champignons** in Streifen schneiden, **Zwiebel** und **Knoblauchzehe** fein hacken. **Cherrytomaten** halbieren.
- **Geschnittene Zwiebel** und **Knoblauchzehe** in etwas Öl scharf anbraten. Kurz danach die **Cherrytomaten** dazugeben.
- Zwei Minuten später die **Champignons** und das **Salz** dazugeben. Auf mittlerer Hitze einköcheln lassen, bis ein Großteil der Flüssigkeit verkocht ist.
- **Tomatenmark**, **Butter**, **Balsamico Essig** und **Gemüsebrühe** dazugeben. Für 20 Minuten unter geringer Hitze einkochen lassen. Danach mit **Chilipulver** abschmecken.
- In der Zwischenzeit das Wasser der **Kartoffeln** abgießen, diese dann stampfen und mit **Butter** und **Milch** cremig rühren. Mit **Salz** abschmecken.
- Süßkartoffel-Kartoffelpürree mit dem Pilzragout servieren.

Pro Person: 599 Kalorien • **14,4g** Eiweiß • **71,9g** Kohlenhydrate • **25,2g** Fett

Blumenkohl-Kartoffelpüree

32 VEG

Für 2 Personen:

440g Kartoffeln
600g Blumenkohl

150g Champignons
150g TK Erbsen
1 kleine Zwiebel
50ml Schlagsahne, bio

1/2TL geriebene Zitronenschale
2TL Zitronensaft

50g Butter, bio
3EL Vollmilch, bio
1TL Salz

1TL gehackte Petersilie

- **Kartoffeln** schälen. Zusammen mit den **Blumenkohlröschen** für circa 20-25 Minuten weich kochen.

- In der Zwischenzeit die **Champignons** und **Zwiebel** schneiden und zusammen mit den **TK Erbsen** scharf anbraten. Mit **Schlagsahne** ablöschen und weitere fünf Minuten köcheln lassen.

- Zum Gemüse **Zitronenabrieb** reiben, etwas Saft der **Zitrone** dazupressen und dann mit **Salz & Pfeffer** abschmecken.

- Wasser der **Kartoffeln** abgießen. Mit **Butter**, **Milch** und **Salz** quetschen.

- Zusammen mit dem **Gemüse** servieren und mit **gehackter Petersilie** toppen.

Pro Person: 646 Kalorien •**21,7g** Eiweiß • **60,8g** Kohlenhydrate • **30,7g** Fett

Blumenkohl-Parmesan Suppe

15

Für 2 Personen:

1 kleiner Blumenkohl
1 Kohlrabi
1 Zwiebel
2EL Olivenöl, extra nativ

400ml Gemüsebrühe

80ml Schlagsahne, bio
Etwas Salz & Pfeffer

3EL Parmesankäse, gerieben
300ml Leitungswasser

Eine Handvoll frisch gehackte Petersilie

- **Blumenkohl, Kohlrabi** und **Zwiebel** fein schneiden und in etwas **Öl** für fünf Minuten anbraten.
- Alles mit **Gemüsebrühe** ablöschen und für 15 Minuten auf mittlerer Hitze köcheln lassen.
- Anschließend die Zutaten fein pürieren und mit **Sahne**, **Salz** und **Pfeffer** abschmecken.
- Den **geriebenen Parmesankäse** zusammen mit dem **Leitungswasser** dazugeben und alles nochmals gründlich vermischen.
- Mit **frisch gehackter Petersilie** toppen und dann genießen!

Pro Person: 518 Kalorien • **21,4g** Eiweiß • **17,2g** Kohlenhydrate • **38,1g** Fett

Weißes Bohnen Con Carne

15

Für 2 Personen:

1 kleine Zwiebel
1/2 Knoblauchzehe

2 Hühnchenbrustfilets (300g)
2 Gläser weiße Bohnen (300g)

200ml Hühnerbrühe
50g TK Erbsen

1 Limette

1 Frühlingszwiebel

2EL Schlagsahne, bio

- **Zwiebel** und **Knoblauch** fein schneiden.

- **Hühnchenbrustfilet** mundgerecht würfeln. In etwas **Öl** in einem großen Topf anbraten. Geschnittene **Zwiebel** und **Knoblauch** dazu geben.

- Die Hälfte der Menge an **weißen Bohnen** dazu geben (mit Flüssigkeit). Die andere Hälfte mit einer Gabel zerstampfen und zur Seite stellen.

- **Hühnerbrühe** in den Topf gießen. **TK Erbsen** und die klein **geschnittene Frühlingszwiebel** dazu geben.

- Für zehn Minuten köcheln lassen.

- Die gestampften Bohnen unterrühren. Salzen, pfeffern und **Limettensaft** dazu gießen. Zum Schluss die **Sahne** unterrühren und nochmals abschmecken.

Pro Person: 414 Kalorien • **48,7g** Eiweiß • **24g** Kohlenhydrate • **10,4g** Fett

Feierabend Salbei Gnocchi

12 VEG

Für 2 Personen:

6-8 Blätter Salbei
1 Knoblauchzehe
15g Butter, bio

1 Zucchini
180g Champignons

350g Gnocchi
180g TK Erbsen

80ml Schlagsahne, bio
Etwas Salz & Pfeffer

- Die Hälfte der **Salbeiblätter** und den **Knoblauch** fein hacken. Alles in etwas **Butter** mit dem zweiten Teil der **Salbeiblättern** für einige Minuten anschmoren.

- In der Zwischenzeit die **Zucchini** und **Champignons** in mundgerechte Stücke schneiden. Zusammen mit den **Gnocchis** und **TK-Erbsen** in die Pfanne geben.

- Für drei bis fünf Minuten mitbraten.

- Die **Schlagsahne** dazugeben und alles mit **Salz & Pfeffer** abschmecken.

Pro Person: 597 Kalorien • **20,4g** Eiweiß • **74,8g** Kohlenhydrate • **21,6g** Fett

Tortilla de Barcelona

Für 2 Personen:

400g Kartoffeln
1 Zwiebel

4 Eier, bio
2 Prisen Salz
Pfeffer nach belieben

30ml Olivenöl, extra nativ
100g TK Erbsen

- **Kartoffeln** abwaschen und in circa zwei Zentimeter große Würfel schneiden. **Zwiebel** in feine Würfel schneiden.
- Die **Eier** mit **Salz und Pfeffer** verquirlen.
- **Kartoffel- und Zwiebelwürfel** in **Olivenöl** für 15 Minuten auf mittlerer Hitze schmoren. Etwas später die **TK Erbsen** dazu geben.
- Anschließend die **verquirlten Eier** über die **Kartoffel-Zwiebelmischung** gießen und auf niedriger Hitze (Stufe 3/10) für weitere zehn Minuten braten, bis das Ei anfängt zu stocken.
- Sobald das **Ei** an der Oberseite fest genug ist, vorsichtig in eine gleich große Pfanne stürzen. Andernfalls die Masse auf einen Teller stürzen und umgedreht wieder in die Pfanne gleiten lassen. Für weitere fünf bis sieben Minuten braten, bis die Masse durchgebacken ist.
- Mit deinem Lieblingssalat servieren!

Pro Person: 558 Kalorien • **23,5g** Eiweiß • **47,2g** Kohlenhydrate • **28,8g** Fett

Einfache Brokkoli Quiche

45

Für 2 Personen:

1 Brokkoli (300g)
1 Ei, bio
40g gemahlene Mandeln
20g Parmesan
1/2TL Salz

2 Eier, bio
200ml Schlagsahne, bio
Prise Salz & Pfeffer
1/2EL italienische Kräuter

80g Brokkoli
100g Cherrytomaten
1/4 rote Zwiebel

50g Gratinkäse

- Den Ofen auf 180°C Umluft vorheizen.

- **Brokkoli** samt Strang grob schneiden. In den Mixer geben und fein zerkleinern. In eine große Schüssel geben. Mit **Ei**, **gemahlenen Mandeln**, **Parmesan** und **Salz** zu einem einheitlichen Teig verkneten.

- **Eier**, **Schlagsahne**, **Salz, Pfeffer** und **italienische Kräuter** verquirlen.

- Den **Brokkoli-Teig** in einer Auflaufform gleichmäßig bis zur Oberkante festdrücken. Die **Eier-Sahne-Mischung** hineinfüllen.

- **Brokkoli**, **Cherrytomaten** und rote Zwiebel dazugeben. Alles mit dem **Gratinkäse** toppen.

- Für ~35 Minuten goldbraun backen.

Pro Person: 762 Kalorien • **35,8g** Eiweiß • **12,7g** Kohlenhydrate • **61,7g** Fett

Grünes Curry 2.0

Für 2 Personen:

160g Basmati Reis

1 rote Zwiebel
1 kleiner China Kohl
1 gelbe Paprika
1/2 Brokkoli

1 Dose Kokosmilch (400ml)
150ml Leitungswasser

2TL grüne Thai Paste
1TL feines Erdnussmus

200g Tofu
1EL Speisestärke
Etwas Öl

2 Handvoll Erdnüsse

- **Basmati Reis** nach Packungsangaben kochen.
- **Rote Zwiebel, China Kohl** und **Paprika** fein schneiden. Die Röschen vom **Brokkoli** abtrennen und halbieren.
- Das geschnittene **Gemüse**, bis auf den **China Kohl**, in einer großen Pfanne scharf anbraten.
- Mit der **Kokosmilch** und dem **Leitungswasser** ablöschen.
- **Grüne Thai Paste** und **Erdnussmus** dazugeben und vermengen. Alles für fünf bis acht Minuten köcheln lassen.
- In der Zwischenzeit den **Tofu** in Würfel schneiden und in der **Speisestärke** schwenken. In etwas Öl von jeder Seite kross braten.
- Den fein geschnittenen **China Kohl** zum Schluss für zwei bis drei Minuten dazugeben und mitköcheln lassen.
- Das Curry zusammen mit dem **Reis**, **Tofu** und optional ein paar knackig **gerösteten Erdnüssen** servieren.

Pro Person: 1044 Kalorien • **37,9g** Eiweiß • **82,6g** Kohlenhydrate • **59,1g** Fett

Thai Bowl

18

Für 2 Personen:

160g Basmati Reis

2 Mini Pak Choi
2 Stiele Frühlingszwiebel
1 Knoblauchzehe

250g Rinderhackfleisch, bio

2 große Karotten

1 Limette
1EL brauner Zucker
1EL Sojasoße

1EL geriebener Ingwer
2 Handvoll Sesamsamen

- **Reis** nach Packungsangaben kochen.
- **Mini Pak Choi** abwaschen. In längliche Streifen schneiden. **Frühlingszwiebel** in feine Streifen schneiden. **Knoblauchzehe** fein schneiden.
- **Karotte** grob raspeln.
- **Geschnittene Frühlingszwiebel** und **Knoblauchzehe** in etwas Öl scharf anbraten. **Rinderhackfleisch** dazugeben und gar braten.
- **Mini Pak Choi** und **geraspelte Karotten** dazugeben.
- **Limette** dazupressen. **Ingwer** mit einem kleinen Löffel schälen und ordentlich dazureiben. **Sojasauce** und **Zucker** dazugeben.
- Drei Minuten köcheln lassen.
- Final alles mit **Reis** und **Sesamsamen** servieren.

Pro Person: 730 Kalorien • **37,6g** Eiweiß • **83g** Kohlenhydrate • **26,7g** Fett

Schnelle Asia Nummer

22

Für 2 Personen:

160g Shrimps

180g Reisnudeln

1 rote Paprika
2 Karotten
2 Lauchzwiebel
1 Pak Choi

Etwas Ingwerabrieb
Etwas Limettenabrieb
1/2 Limette dazu gepresst

2EL Sojasauce
1TL Sesamöl
2 Prisen Salz

- **Shrimps** etwas antauen lassen.
- **Reisnudeln** nach Packungsangaben kochen.
- **Paprika**, **Karotten** und **Lauchzwiebel** fein schneiden. **Pak Choi** in Streifen schneiden. Alles scharf anbraten.
- **Shrimps** dazugeben und solange braten, bis diese gar sind.
- Die fertig gekochten **Reisnudeln** mit zum **Gemüse** in die Pfanne geben und untermischen. Etwas **Ingwer** schälen und dazureiben. Schale einer **Bio Limette** dazureiben.
- **Limette** anschließend halbieren und dazupressen.
- Final mit **Sojasauce**, **Sesamöl** und **Salz** abschmecken.

Pro Person: 543 Kalorien • **22,6g** Eiweiß • **95,5g** Kohlenhydrate • **4,9g** Fett

Rotes Alltagscurry für Faule

12

Für 2 Personen:

1 rote Paprika
1 Zucchini
300g Hühnchenbrustfilet, bio
2 Lauchzwiebeln

200ml Kokosmilch
300ml Leitungswasser
200ml Hühnerbrühe

1 Scheibe Ingwer
1-2TL rote Thai Currypaste

160g Glasnudeln oder
andere asiatische Nudeln

1/2 Limette
2TL Salz
1EL Sojasauce

- **Paprika, Zucchini, Hühnchenbrustfilet** und **Lauchzwiebel** in mundgerechte Stücke schneiden. In etwas Öl scharf anbraten.

- Mit **Kokosmilch**, **Leitungswasser** und **Hühnerbrühe** ablöschen. Den **Ingwer** dazureiben und die **rote Thai Currypaste** unterrühren.

- Die **Glasnudeln** dazugeben und für <u>fünf bis sechs Minuten</u> köcheln lassen, bis die Nudeln gar sind.

- **Limette** über dem Curry auspressen und final alles mit **Salz** und **Sojasauce** abschmecken.

Pro Person: 720 Kalorien • **40,2g** Eiweiß • **81,9g** Kohlenhydrate • **23,1g** Fett

Express Fischbällchen

25

Für 2 Personen:

250g Lachs
2 Handvoll Petersilie

140g Basmati Reis

320g Süß-Saure Soße (dmBio)

60g altes Brot oder Brötchen

1 Ei, bio
1 Scheibe Ingwer

- **Lachs** in lauwarmen Wasser auftauen, sodass er sich unkompliziert schneiden lässt. (Nur bei TK Ware).
- **Petersilie** samt Stielen fein hacken.
- Den **Basmati Reis** nach Packungsangaben kochen.
- Die **Süß-Saure Soße** in einem kleinen Topf oder in der Mikrowelle erhitzen.
- Das **alte Brot oder Brötchen** mit den Händen grob zerbröseln und in den Mixer geben. Verblenden, bis eine Art Paniermehl entsteht.
- Das Paniermehl auf einen tiefen Teller geben und mit **einer Handvoll fein gehackter Petersilie** vermengen.
- Den **Lachs** grob schneiden und zusammen mit einer weiteren Handvoll **gehackter Petersilie**, dem **Ei** und dem **fein gehackten Ingwer** in den Mixer geben. Verblenden, bis eine einheitliche Masse entsteht.
- Einen gehäuften EL der Lachsmasse rund formen und gründlich im **Paniermehl** wenden.
- Etwas **Öl** in die Pfanne geben und alle Lachsbällchen kross von jeder Seite braten. Final mit dem Reis und der **Süß-Sauer-Soße** servieren.

Pro Person: 619 Kalorien • **41g** Eiweiß • **93,3g** Kohlenhydrate • **7,9g** Fett

Tofu für jederman(n)

8 V

Für 2 Personen:

2 Stiele Lauchzwiebel
1 Packung Natur Tofu
2TL Speisestärke

Soße:

3EL Ketchup
2EL Sojasaußce
1EL Balsamico Essig
3EL Vollrohrzucker

1 Scheibe Ingwer

- **Lauchzwiebel** in feine Streifen schneiden.

- Den **Tofu** mundgerecht würfeln. In eine Schüssel geben und mit der **Speisestärke** vermischen. Die geschnittenen **Lauchzwiebeln** dazugeben und mit dem Tofu vermengen.

- **Alle Zutaten für die Soße** gründlich vermischen. Etwas **Ingwer** schälen und ordentlich dazureiben. Vermischen.

- Den Tofu-Mix in etwas Öl von jeder Seite kross braten. Dann die Sauce dazugießen und die Hitze auf niedrigste Stufe stellen. Vermischen und einziehen lassen.

- Mit ein paar frisch gehackten **Lauchzwiebeln** als Topping verwenden.

Pro Person: 259 Kalorien • **16,9g** Eiweiß • **33,3g** Kohlenhydrate • **5,7g** Fett

Moderner Ceasar Salat

15

Für 2 Personen:

2 Salatherzen

1 Knoblauchzehe
20g Honig
1/2 TL Senf, mittelscharf
160ml Naturjoghurt, bio

1 Halloumi (250g)
1/2 Granatapfel
30g Parmesan, gehobelt

2 Handvoll geröstete
Kichererbsen oder Cashewkerne

- Den Strunk der **Salatherzen** entfernen. Salatblätter gut waschen, trocken schleudern und in feine Streifen schneiden.
- Für das Dressing eine fein **gehackte Knoblauchzehe**, **Honig**, **Senf** und **Joghurt** gründlich vermischen.
- Das Dressing mit dem **Salat** vermischen.
- Den **Halloumi** in feine Streifen oder Würfel schneiden. In etwas **Öl** auf mittlerer Hitze kross braten.

  (Lass den **Halloumi** zunächst auf einer Seite für eine ganze Weile braten, bis diese kross wird. Erst dann wendest du die Streifen.)
- Einen **Granatapfel** halbieren. Mit einem Löffel auf die Schale klopfen, sodass die Kerne in eine darunter platzierte Schüssel fallen.
- Den **Halloumi** zusammen mit den **Granatapfelkernen** und **gehobelten Parmesan** auf den Salat geben.
- Final den Salat mit den **gerösteten Kichererbsen** oder **Cashewkernen** garnieren.

Pro Person: 788 Kalorien • **49,4g** Eiweiß • **38,1g** Kohlenhydrate • **47,3g** Fett

BBQ Halloumi Salat

15 VEG

Für 2 Personen:

2 Salatherzen

1 Halloumi Käse (250g)
1 TL geräuchertes oder süßes Paprikapulver (oder BBQ Gewürzmischung)

1/2 Gurke
1 Avocado
80g Cherrytomaten

1/2 Limette

Für das Mango-Dressing:
Siehe S. 125

- **Salatherzen** waschen, Strunk rausschneiden und in längliche Streifen schneiden. **Gurke** und **Avocado** längs in Streifen schneiden. **Cherrtomaten** vierteln.

- Alles auf einen Teller schichten.

- Den **Halloumi Käse** in Würfel schneiden und in etwas **Olivenöl** und **geräuchertem Paprikapulver** (oder einer BBQ-Gewürzmischung) schwenken.

- Diesen dann in etwas **Bratöl** von jeder Seite kross braten. Das dauert circa fünf bis sechs Minuten. Danach die Würfel auf ein Blatt Küchenrolle legen und das Öl vorsichtig abtupfen.

- Den **Salat** mit den kross gebratenen **BBQ-Würfeln** toppen und final mit **frisch gepresster Limette** und etwas **Mango-Dressing** übergießen.

Pro Person: 888 Kalorien •**37,9g** Eiweiß • **23,7g** Kohlenhydrate • **69,9g** Fett

Sommerlich leichter Genuss

30 VEG

Für 2 Personen:

2 Salatherzen

60g Brot vom Vortag
120g Cherrytomaten

2 Pfirsiche

2 Burrata

Abrieb einer Zitrone

2EL Balsamico Essig
1 Handvoll Basilikum
2EL Olivenöl, extra nativ

- Strunk der **Salatherzen** abschneiden. Salatblätter abwaschen und in feine Streifen schneiden.
- **Brot vom Vortag** in Würfel schneiden und zusammen mit den **Tomaten** in etwas **Olivenöl** kross braten.
- **Pfirsiche** in feine Streifen schneiden.
- **Burrata** anschneiden und auf den Salat legen. **Zitronenschale** über den Salat reiben.
- Mit **Balsamico**, **Basilikum** und **Olivenöl** toppen.

Pro Person: 666 Kalorien • **20,6g** Eiweiß • **34,9g** Kohlenhydrate • **48,7g** Fett

Herbstlich leichter Feierabend

30 VEG

Für 2 Portionen:

1/2 kleinen Hokkaidokürbis
1/2 rote Zwiebel

1 Avocado
100g Blattsalatmischung

160g Cherrytomaten
6EL körniger Frischkäse

1 Orange
4EL Olivenöl, extra nativ
2EL Balsamico Essig

- Ofen auf 180°C Umluft vorheizen.

- **Hokkaidokürbis** halbieren, entkernen und in feine Streifen schneiden. **Rote Zwiebel** fein schneiden. Beides auf ein mit Backpapier belegtes Backblech legen. Mit etwas **Olivenöl** beträufeln. Für 15-20 Minuten im Ofen backen.

- **Avocado** in längliche Streifen schneiden. Zusammen mit der **Blattsalatmischung** auf den Teller legen.

- **Cherrytomaten** halbieren. Mit dem **körnigen Frischkäse** verteilen.

- Fertig gebackene **Kürbisstreifen** und **Zwiebel** dazugeben.

- Für das Dressing eine **Orange** halbieren und über dem Salat auspressen. Mit **Olivenöl**, **Balsamico Essig** und etwas grobem **Salz** verfeinern.

Pro Person: 702 Kalorien •**18,2g** Eiweiß • **42,4g** Kohlenhydrate • **49,3g** Fett

Himbeer Dressing

100g frische Himbeeren
1EL weißer Balsamico-Essig
2EL natives Raps- oder Olivenöl
1/2 Zitrone, bio
Etwas Salz und Pfeffer

Alle Zutaten mit einem Stabmixer zu einem feinen Dressing pürieren.

Minz Dressing

1EL Minzblätter
5 Basilikum Blätter
2EL Olivenöl
1EL weißer Balsamico-Essig
1EL ausgepresste Limette
1/2TL Zucker

1TL Crema di Balsamico
1EL Griechischer Joghurt

Minze und **Basilikum** fein hacken. Mit den anderen Zutaten zu einem feinen Dressing vermischen.

Mango Dressing

150g reife Mango
4EL natives Raps- oder Olivenöl
1EL weißer Balsamico Essig
1EL Blütenhonig
Etwas Salz & Pfeffer

Mango in grobe Stücken schneiden. Mit den **anderen Zutaten** zu einem feinen Dressing pürieren.

Der Klassiker

150g Naturjoghurt
2EL Zitronensaft
1EL frische gehackte ital. Kräuter
Prise Salz
1 kleine Knoblauchzehe
1/4 rote Zwiebel

Alle Zutaten mit einem Stabmixer zu einem einheitlichen Dressing pürieren.

Feierabend Stulle

Für 2 Personen:

2 Scheiben Körnerbrot

2 Handvoll Rucola
40g Parmesan

4 Eier, Bio

1 Avocado

100g Himbeeren
1EL weißer Balsamico-Essig
2EL natives Raps- oder Olivenöl
1/2 Zitrone
Prise Salz und Pfeffer

1 Handvoll Sonnenblumenkerne
2EL Kresse

- Zwei ordentliche Scheiben **Körnerbrot** abschneiden und diese zart mit Butter bestreichen.

- **Rucola** abwaschen, abtrocknen und zusammen mit etwas geraspeltem **Parmesan** auf den Stullen verteilen.

- Die **Eier** braten. In der Zwischenzeit die **Avocado** halbieren und in feine Streifen schneiden. Beides auf den Stullen verteilen.

- Für das Himbeeren-Dressing die **Himbeeren**, **weißen Balsamico Essig**, **Olivenöl**, **Zitrone** und **Salz & Pfeffer** mit einem Stabmixer pürieren.

- Final die Stullen mit ein paar **Sonnenblumenkernen**, etwas **Kresse** und dem **Himbeeren-Dressing** verfeinern.

Pro Person: 785 Kalorien • **29,6g** Eiweiß • **31,2g** Kohlenhydrate • **57,6g** Fett

8 Minuten Curry French Toast

8 VEG

Für 2 Personen:

3 Eier, bio
1EL Currypulver
1 Messerspitze Chilipulver
1 Prise Salz & Pfeffer
1/2 Knoblauchzehe
1 Ingwerscheibchen
1 Handvoll Koriander

4 Vollkorntoast

100g Blattsalatmischung

2EL Olivenöl, extra nativ
1/2TL Currypulver
1 Prise Chilipulver
1 Prise Salz

- **Eier** verquirlen und mit **Currypulver**, **Chilipulver**, **Salz und Pfeffer**, fein gehacktem **Knoblauch** / **Ingwer** sowie fein gehacktem **Koriander** vermischen.
- Die **Toastbrote** in der **Eier-Mischung** gründlich tränken.
- In etwas **Olivenöl** goldbraun braten.
- In der Zwischenzeit ein Dressing aus **Olivenöl**, **Currypulver**, **Chilipulver** und **Salz** anmischen. Mit der **Blattsalatmischung** vermischen.
- **Blattsalatmischung** mit dem Curry French Toast servieren.

Pro Person: 422 Kalorien • **17,3g** Eiweiß • **26,4g** Kohlenhydrate • **27,5g** Fett

Feierabendplatte für 2

22

Für 2 Personen:

350g Kartoffeln

200g grüne Bohnen
4EL Olivenöl, extra nativ
2EL Parmesan
2EL Paniermehl
2 Prisen Salz

1 Salatherz

6 Radieschen
6 Cocktailtomaten
1/4 Gurke

30g Oliven

200g Hühnchenbrustfilet, bio

- Ofen auf 200°C Umluft vorheizen.
- **Kartoffeln** in mundgerechte Stückchen schneiden.
- **Grüne Bohnen** und **Kartoffelwürfel** in **Olivenöl**, **geriebenem Parmesan**, **Paniermehl** und **Salz** schwenken. (In einer Schüssel).
- Auf ein mit Backpapier belegtes Backblech geben und für 25 Minuten backen.
- In der Zwischenzeit das **Salatherz** waschen, abtrocknen und als Basis auf ein Brett legen. Kleingeschnittene **Radieschen**, **Tomaten**, **Gurke** und **Oliven** dazulegen.
- **Hühnchenbrustfilet** in Streifen schneiden und gar braten. Auf dem Brett verteilen.
- Die fertig gebackenen **Bohnen** und **Kartoffeln** dazulegen. Alles mit etwas **groben Salz** toppen.

Pro Person: 729 Kalorien • **36,2g** Eiweiß • **50g** Kohlenhydrate • **40,8g** Fett

Relativ schnelles Sauerteigbrot

120 V

Für 1 Brot:

250g Roggenvollkornmehl

250g Weizenmehl Typ 550

7,5g Sauerteigextrakt

1 Päckchen Trockenhefe

1 gestrichenen TL Salz

2EL geschrotete Leinsamen

4EL Kürbiskerne

1/2 TL Kurkumapulver

2TL italienische Kräuter

1EL Röstzwiebeln

- **Alle Zutaten** in eine große Schüssel geben. Die **Röstzwiebeln** zuvor fein zerstoßen. Verkneten, bis ein einheitlicher, glatter Teig entsteht.
- Für eine Stunde gehen lassen.
- In der Zwischenzeit den Ofen auf 200°C Ober- Unterhitze vorheizen.
- Eine Kastenkuchenform zart mit **Olivenöl** einfetten. Den Teig gleichmäßig in der Form verteilen.
- Ein paar extra **Kürbis-**, **Sonnenblumenkerne** und **geschrotete Leinsamen** über das Brot streuen / eindrücken.
- Für 50-60 Minuten im Ofen backen.

Je Scheibe (gerechnet auf 12 Scheiben): 176 Kalorien • **5,7g** Eiweiß • **29g** Kohlenhydrate • **3,1g** Fett

Krustenbrot mit Joghurt

125 VEG

Für 1 Brot:

320g Dinkelmehl Typ 630

200g Roggenmehl Typ 1150

1 Pk. Trockenhefe (7g)

240ml Leitungswasser

1TL brauner Zucker

1TL Salz

150g griechischer Joghurt

- **Alle Teigzutaten** in eine große Schüssel geben. Zu einem einheitlichen, glatten Teig verkneten.
- Teig für 60, besser 90 Minuten abgedeckt gehen lassen.
- Auf eine bemehlte Arbeitsfläche geben. Den Teig etwas durchfalten. Zu einer Kugel formen und in eine befettete Backform geben.
- Mit einem Messer vorsichtig ein 'x' in die Brotoberfläche schneiden.
- Das Brot auf die unterste Schiene in den noch kalten Backofen schieben. Für 45-50 Minuten bei 230°C Ober-Unterhitze goldbraun backen.
- Brot auskühlen lassen. Erst anschneiden, sobald es einigermaßen ausgekühlt ist.

Je Scheibe (gerechnet auf 10 Scheiben): 200 Kalorien • **6,5g** Eiweiß • **36,9g** Kohlenhydrate • **2,2g** Fett

Curry-Zucchini-Brotaufstrich

1/2 Zucchini
60g Fetakäse, bio
2EL Sonnenblumenkerne
2EL Olivenöl, extra nativ
1/2TL Zitronensaft
1TL Currypulver
1/2TL Salz
Etwas Ingwerabrieb

Zucchini grob schneiden. **Fetkäse** zerbröseln. Mit den **anderen Zutaten** zu einem einheitlichen Aufstrich pürieren.

Pistazien-Feta-Brotaufstrich

150g Fetakäse, bio
50g Pistazien
30ml Olivenöl, extra nativ
1 kleine Knoblauchzehe
1/2TL Salz
1EL Koriander
3 Blättchen Minze
Schuss ausgepresste Zitrone + Abrieb

Fetakäse grob zerbröseln. Zusammen mit allen **anderen Zutaten** in einem leistungsstarken Mixer verblenden.

Kürbiskern-Brotaufstrich

60g Kürbiskerne
100g Frischkäse, bio
1/2 Frühlingszwiebel, fein gehackt
Etwas Zitronensaft
Prise Salz & Pfeffer
1TL Kürbiskernöl
1TL Olivenöl, extra nativ

Alle Zutaten in einen Mixer geben und zu einem einheitlichen Aufstrich verblenden.

Französischer Brotaufstrich

1 Dose Makrelen mit Olivenöl
70g Frischkäse, bio
Etwas Limettensaft
1/2TL Salz
1 kleine Zwiebel
1 Prise Pfeffer
1 Prise Chilipulver

Alle Zutaten in einen Mixer geben und zu einem einheitlichen Aufstrich verblenden.

Süßer
Feierabend

Manchmal gibt es diese Tage, an denen einem nach etwas Süßem ist.

Vielleicht gibt es auch etwas zu Feiern und die Familie oder Freunde kommen vorbei.

Dann suche Dir bewusst etwas Leckeres aus, nasche schon mal ein wenig bei der Zubereitung und freue Dich auf das finale Geschmackserlebnis!

Schoko-Schmarrn

20 VEG

Zutaten für 2 Personen:

2 Eier, bio

20g Rohrohrzucker
60g Weizenmehl Typ 1050
12g Kakao (1EL)
75ml Vollmilch, bio
1 Prise Salz

Puderzucker zum Bestreuen

2 Handvoll Obst der Saison

- **Eier** trennen.
- Das **Eigelb** mit **Zucker**, **Mehl**, **Kakao**, **Milch** und **Salz** zu einem einheitlichen Teig vermischen.
- Das **Eiweiß** in einer anderen Schüssel steif schlagen. Danach vorsichtig unter die **Eigelb-Mischung** heben.
- Etwas **Butter** in einer Pfanne auf mittlerer Stufe erhitzen. Den **Teig** langsam eingießen. Von jeder Seite für circa zwei Minuten goldbraun braten.
- Den **Teig** mit einem Schaber in ungleichmäßige Stücke zerteilen.
- Mit etwas **Puderzucker** und **Obst der Saison** toppen.
- Prozess wiederholen, bis der **Teig** aufgebraucht ist.

Pro Person: 363 Kalorien • **13,8g** Eiweiß • **49,3g** Kohlenhydrate • **10,4g** Fett

Süßer Couscous

18 VEG

Zutaten für 2 Personen:

300ml Vollmilch, bio
1EL Agavendicksaft oder Honig
1/4TL Zimt
1TL Vanillezucker
Abrieb von einer Zitrone

150g Couscous

500g Pflaumen aus dem Glas
(280g Abtropfgewicht)

1/4TL Zimt
1TL Vanillezucker
1/2 Orange + Abrieb

- **Milch** mit **Agavendicksaft**, **Zimt**, **Vanillezucker** und dem **Abrieb einer Zitrone** aufkochen.

- Die Flüssigkeit über den **Couscous** gießen und für zehn Minuten quellen lassen, bis der Couscous die gesamte Flüssigkeit aufgenommen hat.

- In der Zwischenzeit die **Pflaumen** samt Flüssigkeit in einen kleinen Topf geben. **Zimt** und **Vanillezucker** dazugeben. **Schale der Bio Orange** dazureiben. Den Saft einer **Orangenhälfte** zu den Pflaumen pressen.

- Für ein paar Minuten köcheln lassen.

- **Couscous** mit einer Portion gekochter Pflaumen servieren.

- Als Topping **etwas Schale der Orange** in feine Streifen schneiden. Diese über die **Pflaumen** streuen.

Pro Person: 538 Kalorien • **14,2g** Eiweiß • **99g** Kohlenhydrate • **7g** Fett

Süße Gnocchi

20 VEG

Zutaten für 2 Personen:

25g Butter
300g Gnocchi

3TL Zucker
1/2TL Ceylon Zimt

1TL Mohn
1TL feine Kokosraspeln

350g Apfelmark

2 Handvoll frische Beeren
passend zur Saison

- **Butter** in der Pfanne schmelzen lassen. Die **Gnocchi** in die Pfanne geben und für drei bis vier Minuten goldbraun braten.
- **Zucker** und **Zimt** dazugeben, sodass die **Gnocchi** leicht karamellisieren.
- **Mohn** und **Kokosraspeln** hinzustreuen, sobald die **Gnocchi** goldbraun gebraten sind.
- Mit **Apfelmark** und **frischen Beeren** servieren.

Pro Person: 489 Kalorien • **6,1g** Eiweiß • **76,9g** Kohlenhydrate • **14,2g** Fett

Quark-Grieß-Nuss-Taler

20 VEG

Zutaten für 2 Personen:

Für den Teig:

600g Magerquark, bio
2 Eier, bio
2 Prisen Salz
4 Päckchen Vanillezucker
(alternativ 30g brauner Zucker)
1TL Zimt
Etwas Abrieb einer Zitrone

Für das Kompott:

2 Äpfel
1/2 Zitrone
1 Päckchen Vanillezucker (8g)
1/4TL Zimt
6EL Wasser
1EL Mandelstifte
1/2EL Mohn

- **Alle Teigzutaten** in eine Schüssel geben und gründlich verrühren.
- Für das **Kompott** die **Äpfel** fein schneiden. Die Zitrone in einen Topf auspressen. **Vanillezucker**, **Zimt**, **Wasser**, **Mandelstifte**, **Mohn** und die geschnittenen Äpfel dazu geben.
- Kompott für acht bis zehn Minuten köcheln lassen.
- Ein EL **Butter** in der Pfanne schmelzen. Etwas **Quark-Teig** in die Pfanne geben und auf mittlerer Hitze für circa fünf Minuten braten.
- Teigling wenden und nochmal für eine Minute anbraten.
- Die Quark-Nuss-Taler mit etwas **Puderzucker**, **Kompott** und **Obst der Saison** servieren. (Ahornsirup passt auch gut zu).

Pro Person: 529 Kalorien • **50,4g** Eiweiß • **49,8g** Kohlenhydrate • **11,8g** Fett

Pfannkuchen Tarte Tatin Stil

20 VEG

Zutaten für 2 Personen:

Für den Teig:

60g Mehl
2 Eier, bio
Prise Salz
1 Päckchen Vanillezucker (8g)
125ml Vollmilch, bio

1 Apfel
1 gestr. TL Zimt
1/2EL Butter

1EL Puderzucker

Etwas Abrieb einer Zitrone

- Die **Teigzutaten** in einer entsprechenden Schüssel gründlich verrühren.

- **Apfel** in feine Streifen schneiden. In einem Topf mit **Zimt** und **Butter** kurz anschmoren. Topf vom Herd nehmen.

- Pfanne mit etwas **Butter** einfetten. Eine kleine Kelle Teig in die Pfanne geben. Sieben bis acht **Apfelspalten** in die Mitte des Teiges drücken.

- Für zwei Minuten auf mittlerer Hitze braten. Vorsichtig wenden und erneut für eine Minute anbraten.

- Auf die obere Hälfte etwas **Puderzucker** streuen. Den Pfannkuchen erneut wenden (vorsichtig) und den Puderzucker für zwei Minuten karamellisieren lassen.

- Prozess wiederholen, bis der Teig alle ist.

- Die Pfannkuchen mit frischen **Früchten der Saison**, etwas **Abrieb einer Zitrone** und **Puderzucker** servieren.

Pro Person: 340 Kalorien • **13,3g** Eiweiß • **43,3g** Kohlenhydrate • **11,8g** Fett

To go

Blitz Bagels ohne Hefe

27 VEG

Für 4 Bagels:

Für den Teig:

250g Mehl Typ 405 oder 550
250g Magerquark, bio
1 Ei, bio
15g Butter, bio
6TL Backpulver
2 Prisen Salz

Zum Bestreichen:

10g Honig
15ml pflanzliche Milch

Toppings:

1EL Sonnenblumenkerne
1EL Kürbiskerne
1EL Sesamsamen

- Den Ofen auf 225°C vorheizen.
- **Alle Teigzutaten** in eine große Schüssel geben und zu einem einheitlichen, glatten Teig verrühren.
- Ein Backblech mit Backpapier auslegen.
- Den Teig in vier gleich große Teile teilen und mit befeuchteten Händen jeweils zu einem Bagel formen. In die Mitte jeweils ein dünnes Schnapsglas stellen.
- **Honig und Hafermilch** vermischen. Die Bagels mit der Mischung gleichmäßig bestreichen.
- **Die Körner** gleichmäßig auf den Bagels verteilen und dann für ~20-25 Minuten im Ofen goldbraun backen.
- Bagels auskühlen lassen. Mit Ofenhandschuhen die Schnapsgläser aus der Bagel-Mitte entfernen.

Je Bagel: 422 Kalorien • **19,5g** Eiweiß • **52,5g** Kohlenhydrate • **13,8g** Fett

Der Gegrillte

1-2EL Frischkäse als Grundlage
Grillgemüse deiner Wahl
(Alles was Saision hat und passend ist)

Frischkäse auf den Bagel streichen. **Grillgemüse** in der Pfanne weich schmoren und anschließend auf dem Bagel verteilen.

Mit **Salz und Pfeffer** würzen.

Der Luxuriöse

20g Ziegenfrischkäse
1/4 Birne
3 Brombeeren
1/2 Handvoll Walnüsse
Etwas rote Zwiebel
1TL Zucker

Ziegenfrischkäse auf den Bagel streichen. **Birne** in feine Streifen schneiden und zusammen mit den **Brombeeren** verteilen.

Walnüsse und **rote Zwiebel** mit **Zucker** karamellisieren. Auf dem Bagel verteilen.

Thai-Mexiko Fusion

2 Eier, bio
1 Handvoll Koriander
Etwas Salz
1/2TL Chilipulver

1/4 Avocado
Etwas Karotte
Süß Saure Chili Soße

Eier verquirlen. Gehackten **Koriander**, **Salz** und **Chilipulver** unter die **Eier** mischen. Anbraten.

Das Rührei auf dem Bagel verteilen und mit fein geschnittener **Avocado** und **Karotte** verfeinern. Final einen Schuss **Süß Saure Chili Soße** verteilen.

Mini Pizza Stil

1 mittelgroße Tomate
50g Mozzarella
2 schwarze Oliven
2 Prisen italienische Kräuter
Prise Salz
Etwas Streukäse
1 Handvoll Rucola
Etwas Crema Balsamico

Tomate, **Mozzarella** und **Oliven** in feine Streifen schneiden und auf dem Bagel verteilen. Mit **italienischen Kräutern**, **Salz** und **Streukäse** verfeinern.

Auf ein mit Backpapier belegetes Backblech legen. Den **Bagel** für eine Minute mit der Flächengrillfunktion kross backen. Final mit **Rucola** und **Balsamico** verfeinern.

Rote Bete Bagels

60 V

Für 4 Bagels:

2 frische rote Bete

250 Weizenmehl Typ 405
10ml Olivenöl, extra nativ
1TL Salz
110ml Leitungswasser
1/2 Packung Trockenhefe

15ml Hafermilch
2EL Sesamsamen

- Ofen auf 190°C Umluft vorheizen.
- **Rote Bete** schälen, in grobe Stücke schneiden und in einem Mixer fein zerkleinern.
- In einer großen Schüssel **zerkleinerte rote Bete**, **Weizenmehl**, **Olivenöl**, **Salz**, **Leitungswasser** und **Trockenhefe** mit einem Handrührgerät zu einem einheitlichen Teig vermischen.
- Abgedeckt für eine Stunde an einem warmen Ort gehen lassen. (37°C Optimaltemperatur)
- Arbeitsfläche gründlich bemehlen. Den Teig mit bemehlten Händen gründlich durchkneten. In vier gleichgroße Teiglinge portionieren.
- Die Teiglinge mit bemehlten Händen zu Kugeln formen. Mit den Fingern ein 3cm großes Loch formen, sodass die typische Bagelform entsteht.
- Auf ein mit Backpapier belegtes Backblech legen und jeweils mit etwas **Hafermilch** bestreichen.
- Die Bagels gründlich mit **Sesam** bestreuen.
- Für 45-50 Minuten backen.

Je Bagel: 300,5 Kalorien • **8,6g** Eiweiß • **51,7g** Kohlenhydrate • **5,3g** Fett

Mexiko Muffins

18 VEG

Für 2 Personen:

1/2 rote Zwiebel
8 Cocktailtomaten
2 Stiele Koriander

4 Eier, bio
1TL Paprikapulver
Chilipulver nach belieben
2 Prisen Salz
Prise Kreuzkümmel

2EL Mais aus dem Glas
4EL Kidney Bohnen

- Ofen auf 180°C Umluft vorheizen.
- **Zwiebel, Tomaten** und **Koriander** fein schneiden.
- **Eier** mit den **Gewürzen** verquirlen.
- **Zwiebel** und **Tomaten** als Grundlage in der Muffinform verteilen. **Mais und Kidneybohnen** auf die Formen auftei-len. Mit der verquirlten **Eier-Mischung** auffüllen. **Koriander** darüber streuen.
- Für 15-20 Minuten im Ofen goldbraun backen.

Pro Person: 274 Kalorien • **21,1g** Eiweiß •**12,8g** Kohlenhydrate • **14,3g** Fett

Griechischer Nudelreis-Salat

18 VEG

Für 2 Personen:

100g Nudelreis (Kritharaki)

1/2 Gurke
100g Fetakäse, bio
120g Cherrytomaten
1 Salatherz
1/2 rote Zwiebel
40g schwarze Oliven

20ml Olivenöl, extra nativ
1TL Salz
1/2 Zitrone

- **Nudelreis** in Salzwasser nach Packungsangaben kochen.

- **Gurke**, **Fetakäse** und **Cherrytomaten** mundgerecht schneiden. **Salatherz** und **rote Zwiebel** fein schneiden. Die **Oliven** halbieren.

- Die geschnittenen Zutaten in einer großen Schüssel mit **Olivenöl**, **Salz** und ausgepresster **Zitrone** vermischen.

- Den fertig gekochten **Nudelreis** abgießen und mit den restlichen Zutaten vermischen.

Pro Person: 475 Kalorien • **15,8g** Eiweiß • **43,9g** Kohlenhydrate • **25,9g** Fett

Grüne Spätzle

14 VEG

Für 2 Personen:

180g Cherrytomaten
1/2 kleine Zwiebel
20g Rucola

250g Spätzle

1TL italienische Kräuter
2 Prisen Salz

Dressing:

1/2 kleine Avocado
1 Handvoll Basilikum (8-10g)
1/2 Limette
Prise Salz
2EL Wasser
1TL weißer Balsamico-Essig

- **Cherrytomaten** halbieren. **Zwiebel** in feine Würfel schneiden. **Rucola** abwaschen, abtropfen und fein hacken.

- **Zwiebelwürfel** in etwas **Bratöl** scharf anschwitzen. **Spätzle** und **Cherrytomaten** dazugeben. Für circa fünf Minuten auf mittlerer Hitze braten. Zwischendrinnen mit **italienischen Kräutern** und **Salz** verfeinern.

- In der Zwischenzeit alle **Dressing-Zutaten** in ein entsprechendes Gefäß geben. Mit einem Stabmixer fein pürieren.

- Das **Dressing** mit der **Spätzle-Mischung** vermengen. Final den **Rucola** unterheben und über Nacht im Kühlschrank durchziehen lassen.

Pro Person: 570 Kalorien • **17,8g** Eiweiß • **92,5g** Kohlenhydrate • **12,4g** Fett

10 Minuten Tortellini Salat

18 VEG

Für 2 Personen:

250g Tortellini mit Füllung nach Wunsch

160g Cherrytomaten
3 Handvoll Rucola

100g Mini Mozzarella
30g veg. Parmesankäse

1EL Pesto Verde
1-2TL italiensche Kräuter
2 Prisen Salz

Optional:
60g Südtiroler Bio Speck

- **Tortellini** nach Packungsangaben al dente kochen.
- In der Zwischenzeit **Cherrytomaten** halbieren und den gewaschenen **Rucola** grob hacken.
- **Mini Mozzarella** halbieren. **Parmesankäse** raspeln.
- Die fertig gekochten **Tortellini** mit den **Cherrytomaten**, **Rucola**, **Mozzarella** und **Parmesankäse** vermischen.
- **Pesto**, **italienische Kräuter** und **Salz** dazugeben. Gründlich vermengen.

Pro Person (ohne Speck): 562 Kalorien • **27,9g** Eiweiß • **46,7g** Kohlenhydrate • **29,2g** Fett

Einfach aber lecker

5 VEG

Für 2 Personen:

1 Apfel
1 kleiner Kohlrabi
6 Streifen Bio Käse nach Wahl

1TL Olivenöl, extra nativ
1TL Saft einer Limette

Prise Salz
Etwas Petersilie
2TL Sonnenblumenkerne

- **Apfel**, **Kohlrabi** und **Käse** in längliche Streifen schneiden und hintereinander schichten.
- Mit **Olivenöl** und frisch ausgepresster **Limette** beträufeln.
- Mit **Salz**, **fein gehackter Petersilie** und **Sonnenblumenkernen** toppen.
- Mit einer Scheibe von einem der beiden selbstgemachten Brote (S. 132/134) servieren.

Pro Person: 436 Kalorien • **27,4g** Eiweiß • **15,9g** Kohlenhydrate • **28,7g** Fett

5 Zutaten Dill-Kartoffeln

Für 2 Personen:

600g Kartoffeln

20g Dill
1/2 Gurke

20g Butter
2 Prisen grobes Salz

100g Stremellachs

- **Kartoffeln** schälen. Für 25 Minuten gar kochen.
- In der Zwischenzeit den **Dill** fein hacken. Die **Gurke** in mundgerecht Stücke schneiden.
- Die fertig **gekochten Kartoffeln** in einer großen Schüssel mit einem Stück **Butter**, dem **gehackten Dill** und etwas **grobem Salz** schwenken.
- Final alles mit **Stremellachs** vermischen und in ein passendes to go Gefäß füllen.

Pro Person: 462 Kalorien • **19,5g** Eiweiß • **58,7g** Kohlenhydrate • **14,2g** Fett

Thunfisch Salat

Für 2 Personen:

160g Basmati Reis

2 Eier, bio

40g Rucola
1 Frühlingszwiebel
200g Cherrytomaten
20 Oliven
2EL Petersilie

2 Dosen Thunfisch in Öl
4TL Pesto verde

2 Spritzer Zitrone
4EL Olivenöl, extra nativ

- **Reis** nach Packungsangaben kochen.

- **Eier** ins kochende Wasser geben. Für acht Minuten hart kochen.

- In der Zwischenzeit **Rucola** und **Frühlingszwiebel** fein schneiden. **Cherrytomaten** und **Oliven** halbieren. Frische **Petersilie** fein hacken.

- Den **gekochten Reis** mit dem geschnittenen Gemüse und der **Petersilie** vermischen.

- **Thunfisch** vom Öl abtropfen. Zur **Reis-Gemüse-Mischung** geben. **Pesto** dazugeben und untermischen.

- Final mit **frisch gepresster Zitrone**, **Olivenöl** und etwas **Salz** abschmecken.

Pro Person: 877 Kalorien • **51,5g** Eiweiß • **72,3g** Kohlenhydrate • **42g** Fett

Mein liebster Thai Salat

Für 2 Personen:

1 rote Paprika
190g Rotkohl
1 Karotte
2 Stängel Lauchzwiebel

140g Edamame Bohnen

110g Reisnudeln

2EL Sojasauce
20ml Ahornsirup
8TL Erdnussmus, 100%-iges
1 Scheibchen Ingwer
1 Limette
1 Knoblauchzehe

60g Erdnüsse

2 Handvoll Sesamsamen

- **Paprika**, **Rotkohl**, **Karotte** und **Lauchzwiebel** in feine Streifen schneiden.
- **Edamame Bohnen** in Salzwasser für fünf Minuten weich kochen. Kurz beiseite stellen.
- In das noch kochende Wasser der **Edamame Bohnen** die **Reisnudeln** geben und nach Packungsangaben kochen.
- Die **fertig gekochten Nudeln** mit dem **Gemüse** und **Edamame Bohnen** vermischen.
- Für das Dressing den **Ingwer** und **Knoblauch** grob schneiden. Zusammen mit **Sojasauce**, **Ahornsirup**, **Erdnussmus** und einer **frisch ausgepressten Limette** in einem leistungsstarken Mixer verblenden.
- Das **Dressing** zusammen mit den **Erdnüssen** zu der **Reisnudel-Gemüse-Mischung** geben und vermischen.
- Final mit **Sesamsamen** toppen.

Pro Person: 801 Kalorien • **30,6g** Eiweiß • **81,6g** Kohlenhydrate • **35,2g** Fett

Übernacht Birchermüsli

18 VEG

Für 2 Personen:

300g Naturjoghurt, bio
200g Haferflocken
4EL Honig

40g Mandeln
2 Äpfel

80g Weintrauben
80g Blaubeeren
40g Rosinen

200g Vollmilch, bio

- **Naturjoghurt** mit **Haferflocken** und **Honig** vermischen.

- **Mandeln** hacken und **Apfel** reiben. **Weintrauben** halbieren und zusammen mit **Blaubeeren**, **Rosinen**, **gehackten Mandeln** und **geriebenem Apfel** unter die **Naturjoghurt-Hafer-Mischung** heben.

- **Milch** dazugeben und gründlich vermischen. Für mindestens zwei Stunden, besser über Nacht, in den Kühlschrank stellen.

- Am nächsten Tag das Birchermüsli ggf. mit einem **Schuss Milch** cremig rühren.

Pro Person: 986 Kalorien • **29,5g** Eiweiß • **144,1g** Kohlenhydrate • **26,6g** Fett

Kaffee-Frucht-Knaller

18 VEG

Für 2 Personen:

1EL Mandeln
1EL Haselnüsse
20g Zartbitterschokolade

100g Haferflocken
130ml Kaffee
150ml Vollmilch, bio
1 Pk. Vanillezucker (8g)

1EL TK Blaubeeren
1EL TK Himbeeren

- **Mandeln, Haselnüsse** und **Zartbitterschokolade** fein hacken.
- Diese mit **Haferflocken**, **frisch gekochtem Kaffee**, **Milch** und **Vanillezucker** vermischen.
- **Die Tiefkühlbeeren** peu à peu bei der Befüllung des Gefäßes dazugeben.
- Über Nacht im Kühlschrank ziehen lassen.
- In der Mittagspause ggf. mit einem **Schuss Milch** verfeinern, wenn die Masse zu stark eingedickt ist.

Pro Person: 414 Kalorien • **13,4g** Eiweiß • **44,2g** Kohlenhydrate • **18,8g** Fett

Schoko-Vanillepudding-Oats

10 VEG

Für 2 Personen:

1 Päckchen Vanillepuddingpulver
500ml Milch
2EL Zucker

1EL Kakaopulver
80g Haferflocken

100g Himbeeren

- **Vanillepudding** nach Packungsangaben zubereiten.
- Den Pudding in zwei gleichgroße Portionen teilen. Einen Teil davon mit **Kakaopulver** und **Haferflocken** vermischen.
- Die beiden Portionen abwechselnd in ein to go Gefäß schichten. Zwischen den Schichten jeweils ein paar **Himbeeren** einarbeiten.
- Über Nacht im Kühlschrank aufbewahren.

Pro Person: 470 Kalorien •**16g** Eiweiß •**65,4g** Kohlenhydrate • **13,4g** Fett

Maries Granola

25 V

Für 1 Blech:

100g Mandeln

75g Schokotropfen
70g gemahlene Mandeln
300g kernige Haferflocken
40g Vollkornmehl
1 Prise Salz
1 Päckchen Vanillezucker (8g)
70g Rapsöl
60g Ahornsirup

30g gefriegetrocknete Himbeeren
20g gefriegetrocknete Heidelbeeren

- Ofen auf 170°C Ober-Unterhitze vorheizen.
- **Mandeln** hacken. Mit den **restlichen Zutaten** (bis auf die gefriegetrockneten Beeren) vermischen, bis eine einheitliche Masse entsteht.
- Diese auf ein mit Backpapier belegtes Backblech geben und für 20 Minuten goldbraun backen.
- Masse auskühlen lassen. Mit den **gefriegetrockneten Beeren** vermischen.
- Einen kleinen Teil des Granolas als Topping für bspw. den Joghurt verwenden.

Pro Portion (circa): 359 Kalorien • **9,2g** Eiweiß • **31,6g** Kohlenhydrate • **20,2g** Fett

Happy
Friday

Happy Friday ist eine von uns seit Jahren gelebte Tradition.

An jedem Freitag versuchen wir gemeinsam mit unseren Liebsten den Start ins Wochenende zu zelebrieren. Dazu bereiten wir gemeinsam etwas Besonderes zu, wozu wir unter der Woche keine Zeit finden.

Das muss nicht immer etwas Großes sein. Manchmal ist es ein nettes Abendbrot mit einem tollen Wein, mal ist es eine ausgefallenere Speise mit im Anschluss selbstgemachten Dessert.

Im Kern geht es um einen tollen Start ins Wochenende, gemeinsam Zeit zu verbringen und leckeres Essen zu genießen.

Filo Teig Auflauf

30

Für 4 Personen:

1 Zucchini
1 Porree
1 Feta
1 Knoblauchzehe

100g Blattspinat

1 Ei, Bio
2EL Griechischer Joghurt
Salz, Pfeffer

30g Butter für Form und Teig

1 Filoteig (250g)

250g Lachs

- Den Ofen auf 180°C Ober-Unterhitze vorheizen.

- **Zucchini**, **Porree** und **Feta** mundgerecht schneiden. Die **Knoblauchzehe** fein würfeln und alles in eine große Schüssel geben.

- **Blattspinat** abwaschen, abtrocken und zum restlichen Gemüse geben.

- **Ei** mit dem **griechischen Joghurt** verquirlen, mit **Salz und Pfeffer** würzen und mit dem gesamten Gemüse vermischen.

- Die **Butter** schmelzen. Den **Filoteig** schichtweise in eine Auflaufform geben. Jede Schicht dabei mit etwas **Butter** bestreichen.

- Das geschnittene **Gemüse** in den **Filoteig** füllen. **Lachs** in Scheiben schneiden und verteilen.

- Für 20-25 Minuten backen.

Pro Person: 501 Kalorien • **30,2g** Eiweiß • **41,9g** Kohlenhydrate • **22,5g** Fett

Foccacia Mozzarella

100 VEG

Für 1 großes Brot
(reicht für 2 Personen)

Für den Teig:

500g Weizen- oder Dinkelmehl
Typ 405 oder Typ 550
1 Packung Trockenhefe (7g)
10ml Olivenöl, extra nativ
1TL Salz
20g Honig
300ml Leitungswasser

Für den Belag:

200g Mozzarella
200g Cherrytomaten
3 Händevoll Basilikum
2TL Olivenöl, extra nativ
Etwas extra Salz

- **Alle Teigzutaten** in eine große Schüssel geben und zu einem einheitlichen Teig verkneten.
- Den Teig abgedeckt an einem warmen Ort für eine Stunde gehen lassen.
- Den Backofen auf 210°C Umluft vorheizen.
- Auf eine Arbeitsfläche ausreichend Mehl geben. Den Teig mit den Händen zu einem Rechteck formen. Diesen dann auf ein mit Backpapier ausgelegtes Backblech geben.
- Mit den Fingerspitzen den Foccacia-Teig gleichmäßig etwas eindrücken.
- **Mozzarella** in Scheiben schneiden. **Cherrytomaten** halbieren. Das **Basilikum** fein schneiden. Die **Tomaten** in den Teig eindrücken. **Mozzarella** und **Basilikum** verteilen.
- **Olivenöl** vorsichtig über den Teig träufeln. Alles mit etwas Salz verfeinern.
- Für ~20 Minuten im Ofen backen.

Pro Person: 1304 Kalorien • **44,9g** Eiweiß • **193,9g** Kohlenhydrate • **36,3g** Fett

Vegetarisch gefüllte Mini Tartes

40 VEG

Für 2 Personen:

Teigzutaten:

250g Mehl Typ 405 - 1050
50ml Olivenöl, extra nativ
120ml pflanzliche Milch
2 Prisen Salz

Gemüse-Füllung:

100g Cherrytomaten
2 Stiele Lauchzwiebeln
1 kleine Zucchini
Rest Fenchel (oder anderes Gemüse)

Flüssige Füllung:

2 Eier, bio
100ml Schlagsahne, bio
1/2EL italienische Kräuter
1/2TL Salz

- Ofen auf 180°C Ober- Unterhitze vorheizen.
- **Alle Teigzutaten** zu einem einheitlichen, glatten Teig verkneten. Den Teig in drei gleich große Stücke teilen.
- Die drei Teiglinge zu Kugeln formen. Für 15 Minuten abgeckt in den Kühlschrank stellen.
- Für die **Gemüsefüllung** das Gemüse fein schneiden. Für die **Füllung** alle Zutaten verquirlen.
- Die Teiglinge großzügig auf einer bemehlten Arbeitsfläche flach ausrollen. In die Teigmitte jeweils ein Drittel der **Gemüse-Füllung** geben.
- Den Teigrand mittig einschlagen, sodass das Gemüse zum Großteil umschlossen ist. Eine faustgroße Öffnung sollte bleiben. Alle Teigtaschen auf ein mit Backpapier belegetes Backblech legen.
- Den flüssigen Teil in die Öffnungen füllen. Teiglinge mit etwas **Gratinkäse** toppen.
- Für etwa 25 Minuten goldbraun backen.

Pro Person: 955 Kalorien • **26,1g** Eiweiß • **105,6g** Kohlenhydrate • **45,6g** Fett

Frittenplatte für Freunde

30 VEG

Für 2 Personen:

400g Kartoffeln
3EL Olivenöl, extra nativ
5-6TL Kartoffelgewürz

1 Zucchini
1 Ei, bio
30g Paniermehl

25g Kokosraspeln
3-4 Karotten

- Ofen auf 220°C Umluft vorheizen.
- Die **Kartoffeln** in Scheiben, Viertel und Streifen schneiden. In **Olivenöl** schwenken und mit einem **Kartoffelgewürz** verfeinern. Für 22 Minuten im Ofen backen.
- In der Zwischenzeit die **Zucchini** in Streifen schneiden. In einem tiefen Teller ein **Ei** verquirlen in einen zweiten das **Paniermehl** geben.
- **Zucchinischeiben** erst im **Ei** und dann im **Paniermehl** wenden. Von beiden Seiten kross braten.
- Die **Karotten** in Viertel schneiden und ebenfalls in dem **verquirlten Ei** und dann in den **Kokosraspeln** wenden. In der Pfanne kross braten.
- Alles mit Soßen deiner Wahl servieren!

Pro Person: 595 Kalorien • **12,5g** Eiweiß • **72,3g** Kohlenhydrate • **25,2g** Fett

30 stündiger Pizzateig

1800 VEG

Für 6 Pizzen:

Für den Teig:

1KG Weizenmehl Typ 405
620ml kaltes Leitungswasser
1/4 Würfel frische Hefe (10g)
4TL Salz

Für die Tomatensauce:

1 Knoblauchzehe
1 rote Zwiebel
8 Stiele Rosmarin
1-2TL Salz
Pfeffer nach belieben
450g passierte Tomaten

Knoblauchzehe und Zwiebel sehr fein schneiden. Rosmarin-Blätter fein hacken. Mit Salz, Pfeffer und den passierten Tomaten vermischen. Abschmecken.

- **600g Mehl** mit **Leitungswasser, 1/4 Hefewürfel** und **Salz** in einer großen Schüssel zu einem einheitlichen, flüssigen Teig verrühren.

- Den **Teig** abgedeckt an einem warmen Ort (37°C Optimaltemperatur) für 20 Minuten gehen lassen. (Hilfreich und wichtig für die Gluten-Bildung)

- Anschließend für zwei bis drei Minuten mit einem Handmixer oder einer Küchenmaschine ordentlich durchrühren. Schrittweise (in circa 100g Schritten) die **restlichen 400g Mehl** zum Teig geben.

- Den **Teig** abgedeckt für weitere 20 Minuten an einem warmen Ort gehen lassen.

- Diesen dann auf eine gut bemehlte Arbeitsfläche geben. (Es empfiehlt sich ein Teigschaber). Mit etwas Mehl bestäuben und einmal vorsichtig durchkneten.

- Den Teig in sechs gleich große Teiglinge portionieren. Mit etwas Mehl vorsichtig zu Kugeln formen und in jeweils ein größeres, **verschließbares** Gefäß geben. Für 24 Stunden in den Kühlschrank stellen.

- Nach 24 Stunden die Teiglinge mit den Händen (auf einer bemehlten Arbeitsfläche) nochmals zu Kugeln formen. Mit den Händen den Teig von innen nach außen drücken, bis ein typischer Pizzaboden entsteht. (Nudelholz nur vorsichtig verwenden, da die Luft sonst aus dem Teig weicht).

- Pizza belegen und bei 300°C Ober-Unterhitze auf einem Pizzastein kross backen.

Je Pizza (ohne Belag): 581 Kalorien • **17g** Eiweiß • **120,5g** Kohlenhydrate • **1,7g** Fett

Persisches Hefebrot mit Beilagen

30 VEG

Für 1 Brot:

1/2TL Salz
1 Packung Trockenhefe
420g Mehl Typ 550

240ml Vollmilch, bio
80g Butter, bio
1 Ei, bio

1 Eigelb
2EL Sesamsamen

Beilagenvorschläge:

Hummus-Varianten
Granatapfelkerne
Gefüllte Datteln
Pistazien
Walnüsse

- **Salz**, **Trockenhefe** und **Mehl** mit einem Löffel vermischen.
- **Milch** zusammen mit der **Butter** auf niedriger Hitze langsam erhitzen, bis die **Butter** vollständig geschmolzen ist. Kurz auskühlen lassen (mindestens fünf Minuten).
- Die **Butter-Milch-Mischung** zu den trockenen Zutaten geben. Das **Ei** dazugeben und alles zu einem einheitlichen, glatten Teig verkneten.
- Für eine Stunde abgedeckt gehen lassen. 20 Minuten vor Ablauf den Ofen auf 160°C Ober-Unterhitze vorheizen.
- Den Teig auf einer bemehlten Arbeitsfläche zu einer Kugel kneten. Auf ein mit Backpapier belegtes Backblech legen und rund ausrollen (circa 1 cm dick).
- Für weitere 15 Minuten gehen lassen (auf dem Backblech).
- Mit zwei Fingern den Außenrand in den Teig drücken. Den runden Innenteil wie auf dem Bild zu sehen eindrücken.
- Ein **Ei** trennen und das **Eigelb** gleichmäßig über den Teig streichen. Gleichmäßig mit **Sesamsamen** bestreuen.
- Für circa 25 Minuten goldbraun backen.

1/4 Brot: •**616** Kalorien •**16,2g** Eiweiß • **79,4g** Kohlenhydrate • **25,1g** Fett

Lachs | Salsa | Wildreis

40

Für zwei Personen:

100g Wildreis

400g Wildlachs mit Haut

100g Cocktailtomaten
1 Avocado
1/2 rote Zwiebel
1 gelbe Paprika

2 Limetten
2 Prisen Salz
Etwas Pfeffer

- **Wildreis** nach Packungsangaben kochen.

- **Wildlachs** auf der Hautseite für mindestens 15 Minuten auf mittlerer Temperatur langsam gar braten.

- In der Zwischenzeit **Tomaten**, **Avocado**, **Zwiebel** und **Paprika** in sehr feine Würfel schneiden. Vermischen und mit **Limette**, **Salz und Pfeffer** abschmecken.

- Den **Lachs** ggf. wenden und für zwei Minuten auf der anderen Seite braten. Sobald dieser gar ist mit Wildreis und der Salsa servieren.

Pro Person: 611 Kalorien • **52,8g** Eiweiß • **49,5g** Kohlenhydrate • **19,8g** Fett

Birnen-Brie-Quiche

60 VEG

Für eine Quiche:
(reicht für 4 Personen)

180g Mehl Typ 450-1050
1 Ei, bio
1 Prise Salz
125g Butter, bio

1 Zucchini
160g Brie Käse
1 Birne
200g Cherrytomaten

150ml Schlagsahne, bio
120ml Crème fraîche, bio
2 Eier, bio
2 Prisen Salz
Pfeffer nach belieben

- Ofen auf 180°C Ober-Unterhitze vorheizen.

- Für den Teig **Mehl**, **Ei**, **Salz** und lauwarme **Butter** zu einem einheitlichen, glatten Teig verkneten. Den Teig gleichmäßig in eine Auflaufform drücken.

- **Zucchini**, den **Brie Käse** und die **Birne** in feine Streifen schneiden. **Cherrytomaten** halbieren. In den Quicheteig schichten.

- **Schlagsahne**, **Crème fraîche**, **Eier**, **Salz und Pfeffer** vermischen. Vorsichtig dazu gießen.

- Für circa 40-50 Minuten backen. Fünf Minuten vor Ablauf der Zeit ein paar **übrig gebliebene Birnen- und Brie-Käse-Scheiben** oben auflegen.

- Kurz auskühlen lassen und genießen!

Pro Person: 840 Kalorien • **23,2g** Eiweiß • **42,6g** Kohlenhydrate • **63,9g** Fett

sweet

Happy Friday

Erdbeeren Crepes Kuchen

30 VEG

Für 1 große Torte:

Für den Teig:

6 Eier, bio
1 Liter Vollmilch, bio oder Pflanzenmilch
500g Mehl Typ 1050
2 Päckchen Vanillezucker (16g)
2 Prisen Salz

Schichten & Topping:

500g Erdbeeren
30g Mandelblättchen
3g Agar Agar

- **Alle Teigzutaten** in einer großen Schüssel gründlich vermischen.

- **Erdbeeren** pürieren und mit **Agar Agar** kurz aufkochen. Auf mittlerer Hitze für ein paar Minuten rühren, bis die Masse anfängt zu gelieren.

- Einen kleinen Klecks Crepesteig in eine leicht befette Pfanne geben und auf mittlerer Hitze von beiden Seiten goldbraun braten. Wiederholen, bis der Teig alle ist.

- Jeweils zwischen die Crepes 1-2EL der **Erdbeeren-Flüssigkeit** streichen

- Die fertige Crepes Torte mit frischen **Erdbeeren**, frisch gehackter **Minze**, **Mandelblättchen** und optional etwas **Ahornsirup** toppen.

Je Stück (circa): 280,5 Kalorien • **12,5g** Eiweiß • **36g** Kohlenhydrate • **8,7g** Fett

Schoko Nusskuchen 2.0

40 VEG

Für 1 Kuchen:

Für den Teig:

120g Datteln
340g Walnüsse
4 Eier, bio

Für die Glasur:

80g Zartbitterschokolade
50g Blaubeeren
50g Brombeeren
1 kleine Handvoll Walnüsse
3 Datteln

- Backofen auf 180°C Ober-Unterhitze vorheizen.
- **Datteln** mit kochendem Wasser übergießen und für mindestens zehn Minuten einweichen lassen.
- **Eier** trennen. Das **Eiweiß** steif schlagen.
- Eingeweichte Datteln (Wasser abgießen) mit **Walnüssen** und dem **Eigelb** in einem leistungsfähigen Food Processor zu einem einheitlichen Teigboden verblenden. Das **Eiweiß** mit einem Löffel vorsichtig aber dennoch gründlich unterheben, bis kaum noch weiße Stellen erkennbar sind.
- Den Teig in eine mit Backpapier ausgelegte 22cm Springform geben und für 25 Minuten backen.
- In der Zwischenzeit die **Schokolade** im Wasserbad schmelzen.
- Kuchenboden kurz auskühlen lassen. Diesen mit der **Schokolade** bestreichen und mit **Obst, Nüssen** und **Datteln** verziehen.

Je Stück (bei acht Stücken): 460 Kalorien • **11,6g** Eiweiß • **22g** Kohlenhydrate • **36g** Fett

Vegane Tarte Rustique Blaubeere & Pfirsich

80 V

Für 1 Tarte:

Für den Teig:

250g Weizenmehl Typ 550
40g brauner Zucker
120ml Hafermilch
50ml Olivenöl, extra nativ

Für die Füllung:

400g Pfirsiche
250g Blaubeeren
Abrieb einer halben Zitrone
1 Päckchen Vanillezucker

15g Puderzucker

- Ofen auf 180°C Ober-Unterhitze vorheizen.
- Für den Teig **alle Teigzutaten** zu einem einheitlichen Teig verkneten. Für <u>15 Minuten</u> abgedeckt in den Kühlschrank stellen.
- In der Zwischenzeit die **Pfirsiche** in feine Streifen schneiden.
- Den **Teig** auf einer bemehlten Arbeitsfläche durchkneten. Rund und schön dünn ausrollen. Vorsichtig auf ein mit Backpapier belegetes Backblech legen.
- Die **Pfirsichstreifen** und **Blaubeeren** in der Mitte des Teiges verteilen. **Zitronenschale** über das Obst reiben. **Vanillezucker** darüber streuen.
- Den Teigrand peu à peu in Richtung Mitte umschlagen, sodass dieser die Füllung umschließt (siehe Bild).
- Für circa <u>50 Minuten</u> im Ofen backen.
- Kurz auskühlen lassen. Dann mit etwas **Puderzucker** servieren.

Je Stück (bei acht Stücken): 249 Kalorien • **4,1g** Eiweiß • **38,7g** Kohlenhydrate • **7,1g** Fett

Happy Friday Apfelstrudel

80 VEG

Für 2 Personen:

80g Puderzucker
300g gemahlene Mandeln
80g Rosinen
1TL Ceylon Zimt
200ml Schlagsahne, bio
2 Äpfel

50g Butter, bio
1 Filoteig

100ml Schlagsahne, bio
1 Päckchen Vanillezucker

- Ofen auf 200°C Umluft vorheizen.
- Für die Füllung den **Puderzucker** in eine große Schüssel sieben und dann zusammen mit **gemahlenen Mandeln**, **Rosinen**, **Zimt**, **Sahne** und **fein geschnittenen Äpfeln** gründlich verrühren.
- Die **Butter** schmelzen.
- Das erste Blatt **Filoteig** mit etwas **Butter** bestreichen und **ca. 2 EL der Füllung** auf einer Hälfte davon verteilen. Nun den Teig vorsichtig einrollen.
- Mit dem nächtsten Blatt ebenso verfahren. Allerdings muss dieses nun um die vorherige Rolle gerollt werden.
- Mit den restlichen **Filoteigblättern** genau so fortfahren, bis die Füllung aufgebraucht ist. Es empfiehlt sich, zum Schluss noch ein bis zwei Filoteigblätter ohne Füllung um die Rolle zu wickeln, um mehr Stabilität zu erhalten.
- Für 25-30 Minuten goldbraun backen.
- In der Zwischenzeit die **Sahne** mit etwas **Vanillezucker** steif schlagen. Zu einem Stück Strudel servieren.

Pro Person: 780,5 Kalorien • **53,5g** Eiweiß • **44,5g** Kohlenhydrate • **41g** Fett

Puffreis-Bars mit Himbeeren

80 V

Für 1 Blech:

200g TK Himbeeren

30g gepuffter Quinoa
30g gepuffter Amaranth
80g feines Erdnussmus
40g Ahornsirup

20g Ahornsirup
100g Zartbitterschokolade
1 TL Kokosöl

- **TK Himbeeren** antauen lassen.
- **Gepufften Quinoa** und **Amaranth** mit **Erdnussmus** und **Ahornsirup** vermischen. In eine mit Backpapier ausgelegte Form drücken, sodass die Schicht circa einen Zentimeter dick ist.
- **TK Himbeeren** mit dem **zweiten Teil Ahornsirup (20g)** verblenden. Auf die Gepuffte-Erdnussmasse geben.
- **Zartbitterschokolade** und **Kokosöl** im Wasserbad erhitzen. Auf die Masse geben.
- Ab in den Tiefkühler damit!
- Nach ein bis zwei Stunden in Stückchen schneiden und genießen!

Pro Person (gerechnet auf 1/4 Blech): 382 Kalorien • **8,9g** Eiweiß • **39g** Kohlenhydrate • **20,1g** Fett

Zartbitter Kaffee Muffins

32 VEG

Für 8 Muffins:

200g gemahlene Mandeln
110g Rohrohrzucker
50g Kakaopulver (zuckerfrei)
50g Haferflocken
3 Päckchen Instant Kaffee Espresso (je 5g)
1/4TL Salz
1TL Backpulver

1 Banane
125ml Vollmilch, bio
2 Eier, bio

Für das Topping:

120g Quark (20%), bio
1 Päckchen Vanillezucker (8g)
25g Ahornsirup
1 Päckchen Instant Kaffee (5g)

- Ofen auf 180°C Ober-Unterhitze vorheizen.
- **Gemahlene Mandeln**, **Zucker**, **Kakao**, **Haferflocken**, **Instant Kaffee Espresso**, **Salz** und **Backpulver** vermischen
- **Banane** zerquetschen und mit der **Milch** und den Eiern zu einer einheitlichen Flüssigkeit verrühren. Zu den trockenen Zutaten hinzufügen. Zu einer einheitlichen Masse verrühren.
- Muffinform mit **Butter** befetten. Den Teig gleichmäßig auf die Formen verteilen.
- Für 25-30 Minuten im Ofen backen.
- In der Zwischenzeit die Creme aus **Quark**, **Vanillezucker**, **Ahornsirup** und **Instant Kaffee** anrühren.
- Die fertig gebackenen Muffins auskühlen lassen und anschließend mit der Creme servieren.

Je Muffin: 340 Kalorien • **12,3g** Eiweiß • **28,5g** Kohlenhydrate • **17,8g** Fett

BIO COMPANY
DANKE

Index

C

F

G

H

I

K

L

P

S

T

NOCH FRAGEN?

Hast du Fragen zu einem bestimmten Rezept? Ist dir ein Fehler aufgefallen?
Brauchst du Rat und Tat zu bestimmten Lebensmitteln oder Küchenutensilien?

Schreib uns gerne jederzeit eine Direktnachricht auf Instagram @foodoholic_magazin

FEIERABEND

101 neue Wohlfühl-Rezepte für einen entspannten
und leckeren Feierabend

1. Auflage 2020

ISBN: 978-3-00-065960-7

Inhalt und Texte: Florian Kaminski
Umschlaggestaltung, Illustration: Florian Kaminski
Fotografie: Florian Kaminski, Marie Kaminski, Juliette Navarro

E-Mail: defoodoholic@gmail.com
Instagram: @foodoholic_magazin

Anschrift:

Foodoholic
Florian Kaminski
Säntisstraße 83/85
12277 Berlin